居酒屋と県民性

47都道府県ごとの風土・歴史・文化

太田和彦

朝日文庫

本書は２０１６年４月、弊社より刊行された『日本の居酒屋――その県民性』（朝日新書）に加筆・修正を加え、「おわりに　日本の居酒屋」を増補したものです。

はじめに

日本中の居酒屋を巡り歩くうちに、居酒屋ほど各地の県民性が表れるところはないと気づいてきた。作家サマセット・モームは「その土地を知るには、市場に行け」と言ったが、私流は「その土地を知るには、居酒屋に行け」。

四方を海に囲まれて南北に長い日本列島は各地で風土が異なる。太平洋、日本海、瀬戸内海の魚は異なり、沿岸と内陸では産物も料理法もちがう。また、港町、商業の町、城下町や門前町など年月が作った歴史は町柄をつくる。居酒屋には風土、歴史、産物のすべてが反映して一つの文化を形成する。

その町に長く続いて名物になっている古い居酒屋の片隅に座り、その地の肴《さかな》を注文して一杯やりながら、地元の客の会話に耳を傾けていると地元気質が見えてくる。また率直に店の主人に聞いたりもする。

客の酒の飲み方には大いに県民性が表れる。無口にながく飲む東北人、粋を気取る東京人、女も盛大に酒を飲む高知人、すぐ友達になるが翌日は忘れている博多人。人口分布や統計、著名出身者ではなく、そこに住む庶民が裸になる居酒屋から見えてきた各地の県民性を、自分なりにまとめてみた。そして、日本はまことに多種多様な県民性をもつことを知った。

居酒屋と県民性——47都道府県ごとの風土・歴史・文化

目次

はじめに　3

北海道・東北……11

北海道　ビールと炉端焼　12
青森　四つの海の幸と郷土料理　18
秋田　小鍋立で、だらだらながく飲む　24
岩手　落ちついた町の落ちついた居酒屋　30
宮城　都会性と横丁文化が交錯する　35
山形　庄内の豊かな産物と気風の出会い　39
福島　保存乾物と会津気鋭の酒　43

関東……49

茨城　おいしい魚があれども、商売ができない　50
栃木　山国には山国の居酒屋あり　53
群馬　かかあ天下と萩原朔太郎　57
埼玉　東京隣りの名居酒屋地帯　60

千葉　外房の漁師料理と内房の江戸前　64
東京　江戸っ子の飲み方　68
神奈川　豊富な食材と、しゃれたハマっ子　74

中部……79

新潟　地酒王国の居酒屋はどうなっているか　80
富山　水よし、酒よし、魚よし　87
石川　加賀百万石は居酒屋といえども艶っぽい　92
福井　油揚と里芋、たのしみは……　99
山梨　甲府にある理想の旅酒場　102
長野　理屈っぽい信州人の居酒屋は　106
岐阜　飛騨高山の晩酌文化　114
静岡　居酒屋最適の県民性　119
愛知　居酒屋のない町に日本一の居酒屋が　123

近畿……129

三重　お伊勢詣りの精進落し　130
滋賀　都の隣りの、おちついた風土　134
京都　千年の都の居酒屋とのつき合い方　138
大阪　ルネッサンスがおきた大阪居酒屋　142
兵庫　酒郷灘、おひざもとの居酒屋は　149
奈良　大仏商法の居酒屋とは　155
和歌山　雄大な紀伊半島を味わう　160

中国・四国……165

鳥取　静かな町であればこそ　166
島根　遠い地に桃源郷あり　169
岡山　ゆたかな食材とモダンな気風　173
広島　瀬戸内の魚と広島人気質　178
山口　長州藩の県民性　183
徳島　踊る阿呆に飲む阿呆　185

香川　うどん的県民性とは　189
愛媛　文人の気風と南国の風土　192
高知　不滅の酒飲み県　196

九州・沖縄……201
福岡　ラテン気質と九州濃度　202
佐賀　律義できちょうめん、が生んだもの　208
長崎　男は親切、女は美人　212
大分　ユニークな食べ物が多い温泉郷　217
宮崎　日向かぼちゃに、いもがらぼくと　220
熊本　肥後もっこすでよかよ　222
鹿児島　薩摩の信念ここにあり　227
沖縄　すばらしき日本一の県民性　233
おわりに　日本の居酒屋　238
解説　小泉武夫　244

イラスト　根本　孝

北海道・東北

北海道　ビールと炉端焼

冬の寒さは極めて厳しく、1年の約半分が冬。都道府県で最大の面積を誇るが、人口520万人弱のうち195万人強が道都・札幌市に住む。大豆、じゃがいも、たまねぎ、生乳、牛肉など多くの農畜産物の生産量が日本一。漁獲量も日本一で、ホタテやタラなどが豊富に獲《と》れる。

明治から本格的な開拓の始まった北海道は、農業の歴史が浅く、米が恒常的に収穫できるには年月がかかった。そのため日本酒生産が始まったのも遅い。しかし近年は安定した米生産地になり、地元米を使った吟醸酒なども作られるようになった。

一方、明治九年（一八七六）、官営の開拓使麦酒醸造所として始まったビール製造は、薩摩《さつま》藩英国留学生としてロンドン大学に学んだ村橋久成の指揮により、農産物加工の近代産業として発展。日本のビールの歴史は北海道にあり、居酒屋はビールの扱いに慣れ、どこで飲んでも確実に内地《ないち》よりうまい。

江戸時代まで本格的な開拓はされなかった北海道は、原野を農業に切り開く苦難はあったものの、内地のしがらみを嫌った意欲ある開拓者によりフロンティアの合理精神が進取独立の気風を育てた。日本一広い土地ながら、居酒屋はどこに行っても自由の風が吹き、来道者を偏見なく迎えるウェルカムな姿勢は、しばし西欧の酒場やパブで飲んでいるような気分がある。

居酒屋の基本形は「炉端焼」で、特に釧路はほとんどがこの形態だ。畳一畳もある大きな囲炉裏《いろり》に特製の大網をのせ、真っ赤に熾《おこ》った炭火で、魚介（ホッケ、タラ、シシャモ、コマイ、イカ、カニ、牡蠣《かき》、北寄貝《ほっきがい》）も、野菜（アスパラ、じゃがいも、山菜）も、肉（ラム、鹿、豚）もなんでも焼いて食べる。自分の注文したものが目の前で次第に焼けてくるのを、一杯やって待つのはよいものだ。釧路の老舗店「炉ばた」の囲炉裏前に四十年以上も座る大学みつさんに焼き方のコツを聞くと「ひっくり反《かえ》すのは一回だけ、その見極め」と答えていた。

北海道に炉端焼の多い訳は、食材が良いので下手にいじらず焼くのが一番、あるいはまだ料理文化が進んでいない、などの説があるが私の見方はちがう。

二十年以上も前、釧路市郊外、鳥取神社隣りの、鳥取入植者の歴史を展示する「鳥取百年館」を訪ねた。明治十七年（一八八四）、鳥取賀露港を出港した鳥取士族三十六戸は六日後釧路に到着。先発五戸と合流し二〇七人が「鳥取村」を創設した。その一角にある最も初期の住居小屋の見取り図は、間取りを単純に三つに分け、一つは土間、一つは居間、一つは寝間とし、居間には土間に向けて暖をとり煮炊きする三尺×六尺の大きな炉が必ず切られていた。

これが炉端だ。極寒の地で外から帰り、まずほっとするのは赤々と燃える火だ。また人を迎える最大のもてなしも火だ。燃える火こそが命のあかしだ。そこに料理があるのは安心の根本になる。すなわちこれが炉端焼のルーツではないか。炉端は風土に根ざし、そこの人々に本能的な安心感を抱かせるものと知った。

酒もまた、小さな徳利《とくり》でお燗《かん》してを待っていられない。炉端焼の店は火の近くの大きなヤカンにつねに適温で酒が温まり、注文すると十秒で茶碗に注いで出される。それをきゅーっとやってまずは温まり、炉端に手をあててほっとひと息いれる。かけつけ三杯とはこのこと。冷や酒は北海道に合わず、あまり注文する人もいない。暖房がゆきとどいた現代でも火を見ながらのビールが格別なのは理由がある。

魚豊富な北海道だが、現地の人は刺身はほとんど食べず、開いて干物にするのは長い冬の保存食が基本だからだ。また北海道の人はアウトドア慣れしていて、気軽に外でジンギスカン焼をする。ジンギスカンという料理はモンゴルにはないが、第一次大戦中軍服用に羊毛を大量に供出し、余った羊肉を焼いて食べたのが始まりという。ちまちました包丁細工の刺身にあきたらない大陸的感覚といえよう。

また北海道の人がじゃがいもに特別の気持ちを持つのは、長い間米は食べられず、日々、じゃがいもで命をつないだからだ。それはスコットランドの人が、塩害の地を何代もかけて農地改良し、最初に収穫できたのがじゃがいもで、それゆえフライドポテトを特別視するのに似ている。北海道じゃがいも食のおかずは越冬用に桶《おけ》いっぱい作っておく塩辛だけ。バターは生産しているが高価で手が出ず、そのかわり塩辛をのせて食べた。

火の燃えるストーブはつねに人々の真ん中にあり、釧路の炉端焼居酒屋で、ちぎった新聞紙にいか塩辛をのせてストーブで焼く〈塩辛の新聞紙焼〉は、朝日新聞や読売はダメで、道新（北海道新聞）でないといい味にならないというのうれしい話を聞いた。

●札幌　味百仙《あじひゃくせん》

札幌駅北口の「味百仙」は、北海道定番がよくそろい刺身も上等、全国の日本酒の品揃《しなぞろ》えも優秀だ。かつおダシとバターでじっくり煮た〈じゃがいもバター煮〉（前日予約）は人気の品。長卓を囲むようなL字の小上がりで四、五人で、あるいはカウンターで一人でと使い勝手がよい。

●札幌　ふらの

東京と変わらなくなってしまった札幌だが、脇路地「新京極通り」はかつての札幌の飲み屋小路を味わえて貴重だ。主人は富良野出身で、やや窮屈なカウンターがかえって温もりを感じさせる。なんでもないお通し〈ゆでアスパラ〉はやっぱり美味しく北海道大地の味。生ウニと味噌すこしを和えた〈うにみそ〉は酒の友。名物〈かすべ煮〉、冬にぜひと奨められた〈いかのわた鍋〉は古き良き北海道をじゅうぶん感じさせる。

●旭川　独酌三四郎《どくしやくさんしろう》

旭川繁華街の三六街を少しはなれた創業昭和二十一年の名居酒屋。番屋風の太い梁《はり》の店内は豪快だ。お通しは創業以来変わらない〈酢大豆〉。すらりとした美人おかみは日本三大白割烹着美人おかみの一人。秋、おかみが腕によりをかけてつくる〈ニシン漬け〉は食べなきゃ損の絶品。半世紀以上使い続けているかまど周りがいい。

●釧路　万年青《おもと》

長大な焼き網に炭火がガンガンに熾る。人気の、タレに浸《つ》けた豚肉の巨大ステーキ三〇〇グラムを地元の人はぺろりと食べる。炉端焼の最高峰メンメ（キンキ）はどの店もよい値段がするが、大きいので二、三人でとるとよい。その食べ終えた骨でつくる〈骨湯〉を忘れるな。屋台から始めて五十年以上、朝七時までやっている典型的な地元の炉端焼。

●函館　粋花亭《すいかてい》

東京などでみっちり料理修業を積んだ主人は故郷函館で、北海道素材を生かして新境地を開いた。北海道の逸品・かすべ（えいひれ）の〈かすべ山椒《さんしょう》焼〉、噴火湾フグの〈焼フグとホワイトアスパラの梅肉和え〉など、彼の料理をめざして全国から客が来る。十品ほどが並ぶ渾身《こんしん》の〈一口お通し〉は満足間違いなし。酒揃えも充実の〝北海道の星〟。

青森　四つの海の幸と郷土料理

県中央部を縦走する奥羽山脈が、県内を津軽地方（日本海側）と南部地方（太平洋側）に二分する。冬には、津軽地方で大雪が降る一方で、南部地方では晴れて乾燥した日が多くなる。人口120万人強。りんごの一大産地で、日本産りんごの約6割が青森県産。県の魚はヒラメ。

本州最北端青森県は飛行機から見下ろすと、名の通りうねうねと続く山並の「青い森」に豊かな自然を実感する。三方に日本海、津軽海峡、陸奥湾、太平洋と四つの海をもち、それぞれの海産物は異なって食を豊かにする。

青森は西の津軽と東の南部に大別され、それぞれ異なる藩だったため、旧世代にはライバル意識があったといわれる。共通する県民性はいわゆる「じょっぱり（強情っ張り）」だが、津軽は「自分が有利になるまで譲らないじょっぱり」、南部は「筋が通らないことは認めないじょっぱり」と、ニュアンスが違うのだそうだ。県庁所在地の青森市は一漁港であったが、勢力を二分する津軽と南部の中間にあるため「中を取って」行政の中心地に決まった。青森が「相撲王国」と言われて多くの名力士を生んでいるのも、強情＝辛抱強いからだろう。

青森の県民性は「初めての人にはなかなか心を開かないが、いったん打ち解けると深いつきあいになる。それは北国の重い口調による」と言われる。冬、道ですれ違い声を交わす。「どさ」「ゆさ」の意味は「どこに行くんだい？」「風呂です」。口を開くと寒いので言葉を省略する。同意の返事は「んだ」。東京者などは「その通りです、そう思っていただければまことに幸いです、なぜならば」と頼みもしないことまで言い、自分のしゃべる番が一分間まわってこないともう待てなく、相手の発言中でもしゃべり出す。その東京者のぺらぺら長広舌を腹の中で「よくしゃべる男だな、まあ話半分に聞いてればいいや」とゆっくり盃《さかずき》を重ねている。自分が言わねばならない時は言葉を整理してからおもむろに口を開く。

「んだな」

青森の居酒屋「ふく郎」に初めて行ったとき主人は何もしゃべってくれなく、「主人は無口だが、仕事はたいへん丁寧」などと本に書いた。その後何度も通っているうちに珍しく主人から口を開き「太田さんそう書いていましたが、私は無口と言うほどではないんですよ」とやんわり抗議され小さくなったことがあったが、三年後でした。
今は黙っていても何も重荷にならない、深いつきあいです。

人の意識はともかく、日本海側の津軽と太平洋側の南部では気候風土産物はおおいに異なる。ここでは青森市、津軽、南部の代表的な三つの居酒屋を例に特徴を探ろう。

青森駅からやや離れた「ふく郎」は、魚も野菜も酒もすべて青森県産と決め、近海がシケで魚が揚がらない時は店を休んでしまうほどだ。ある日の品は、海峡鯖《さば》、深浦糸モズク、平舘油目刺、小泊イカ刺、海峡活ツブ貝、深浦本マグロ、陸奥湾活ホタテ、などなど。夏の〈岩牡蠣《いわがき》〉は十三湖産でずしりと重い。〈今別天然ホヤ〉は、つきもののきゅうりを敷いて山菜のミズをのせ、魚刺身と同じに菊の花びらを散らす。菊は飾りだが消毒作用があり食べられる。また、なんとなく頼んだ〈味噌きゅうり〉の旨さにも感嘆した。私はナマコ狂で、九州博多「さきと」のナマコが日本一と思っていたが、ここ「ふく郎」の、ぬらぬらと青光りするコリコリナマコには絶句させられた。その日のは横浜（陸奥湾の地名）のナマコで「ナマコは移動しないので浜により味が違う」そうだ。

「青森は世界遺産の白神山地の森が命です。ここを通った水が山菜も野菜も育て、十三湖の水になり、海に出て魚をよくする、米も酒も同じ。青森の食のすべての基礎が水にあります」という主人の言葉は青森の特質を言い当てている。

津軽弘前の「しまや」で本物の津軽郷土家庭料理を知って驚嘆したのはもう三十年も前だ。全国に家庭料理をうたう店はいくらでもあるが、「本物」たる由縁は、料理好き奥さんの趣味的家庭料理ではなく、何代にもわたって風土に受け継がれてきた郷土伝統の家庭料理をそのまま出すからだ。塩鯨（鯨脂の塩漬け）を刻み入れた〈おから・ミズ・塩鯨の酢味噌和え〉の辛子のきいた上品さ。煮茄子《なす》を超特大の赤シソ葉で巻いた〈ナスのシソ巻〉の香りのすばらしさ。名産地大鰐《おおわに》のもやしを人参、油揚で炒めただけの〈大鰐もやし炒め〉はどうしてこんなにおいしいのだろう。もちろん青森の冬になくてはならないタラのアラを使った〈じゃっぱ汁〉は、皆が始まる時季を待つ。『津軽料理歳時記』をまとめた先代の故・嶋谷キミさんの「その時期の旬の、山・里・海の産物を合わせれば自然においしい郷土料理になる」という言葉に深く納得した。

南部八戸の「ばんや」は、カウンターの大皿に生粋の南部地方の郷土料理がならぶ。〈茗荷《みょうが》のみそ炒め〉〈ミズの炒め〉〈イカのとも（ワタ）和え〉〈メヌケのカマ〉〈馬肉ごぼう煮〉〈蕗《ふき》とわらびの煮物〉〈つぶ貝煮〉などなど。南部駒の産地らしく馬肉のあるのが特徴だ。調味料は、南蛮・麴《こうじ》・醬油、各一升をまぜて寝かした「南部一升漬」。ぴりりと辛いこれで長い冬の料理を工夫する。

八戸はその名にふさわしく八つの異なる横丁があり、北国らしく軒の間のせまい道に赤提灯《あかちょうちん》が連なって、酒呑みにはたまらない情緒をかもしだす。八戸はイカの水揚げ日本一。午後水揚げを夕方に出す〈PMイカ〉、鯖北限の〈海峡鯖〉、鮭缶をつかう〈せんべい汁〉など、青森の味を存分に楽しめる。青森のどこの居酒屋にもある〈味噌貝焼〉は、ホタテの貝殻で溶き玉子と味噌をちゃちゃっと焼く簡単な料理だが、青森のソウルフードと言えよう。短い夏を「ねぶた」で一瞬に爆発させ、ながい冬を郷土料理を肴《さかな》に一杯やって春を待つところに青森居酒屋の特徴がある。それはまた粘り強い性格と、機があれば熱中する気質を育てた。

●青森　ふく郎《ろう》

カウンター前に突き板墨書でずらりとならぶ品書きは迷うが、その日の水揚げを「ちょっと」ではなく五種ほども、申し訳ないような安い値段で盛ってくれる〈刺身ちょっと盛り〉がうれしい。「愛娘《めご》」は青森「豊盃」特注のプライベート酒で、豊かな旨みはまさに白神山地の水の恵みだ。主人は青森人らしく口数すくないが人は温かい。

●弘前　しまや

先代を継いだ娘さんの嶋谷啓子さんと弘前大学の純真なアルバイト女学生によるまことに健全でさわやかな雰囲気に、地元のお父さん方も熱心なファンだ。大皿料理も良いが、奥の炉端でじっくり焼く魚もたいへんよい。伝統の練炭七輪の深鍋でじっくりお燗《かん》した地酒「豊盃」の、ここだけに出している上撰はほっとするおいしさで温まる。

●八戸　ばんや

町の中心の六日町交差点角。大正時代の古い料亭を改造した千本格子の木造総二階家は、店内もまた太い梁の番屋風の造りがいい。青森地酒を中心に全国の優秀酒がそろい、じっくりやる気分満点だ。店の居心地と、東京で美術を学んだ画家であり、書家、随筆家でもある主人の類家さん目当てに全国からあまたの文化人が常連だ。

秋田　小鍋立で、だらだらながく飲む

冬の寒さが厳しい豪雪地帯で、豊かな水に恵まれた酒どころ。「あきたこまち」が広く知られる米どころでもある。ハタハタ（秋田県の県魚）でつくる魚醤《ぎょしょう》「しょっつる」、湯沢市稲庭町でつくられる「稲庭うどん」、日本三大地鶏のひとつ「比内地鶏」などが有名。人口は約95万人。

〈おらが秋田は美人の出どこ　お米にお酒　秋田杉〉

秋田不滅のキャッチフレーズに偽りなし。町を歩いていれば五分に一度は美人とすれちがい、その特徴は色白・脚長・豊かな胸（実証データがあるそうです）とくれば全く文句はない。おいしい米を食べ、おいしい日本酒を飲み、秋田杉の風呂につかれば色白美人もむべなるかな。さらに私が見るには顔の彫りが深い。ちなみに日本三大美人産地は秋田、京都、博多と言われ、秋田は色白ロシア型、京都は細面公家型、博多は南方系ラテン型というのが私の観察。……ついながながと書いたがこれは本稿の目的ではない。

秋田の食を知るには〈東北の横綱　皆様とともに五〇年〉と看板を上げる「秋田市民市場」が一番だ。秋ならば山の紅葉さながらに色の饗宴。リンゴは真っ赤、柿は朱色、梨は黄緑、湯沢の枝豆は緑、庄内のいちじくは赤紫、あけびは鮮やかな青紫、横手のスチューベンぶどうは濃紫、大きなゆで栗は茶色。

キノコは専門店があり、さわもたし、ぬらめき、ぶなしめじ、天然なめこなど地きのこが売り台に満載。白菜よりも大きな天然舞茸は一かたまり七〇〇〇円もして、秋田では松茸よりも舞茸が上位だ。魚はタラ、サケの特大がごろごろ並び、キス、カレイ、黒ソイ、キンキ、カマス、ハタハタ……。真っ赤な筋子、タラコ、ダダミ（タラ白子）は投げ出したように山を成し、東北の豊かな食材に目を見張る。秋からのもう一つの主役はハタハタで、みごとにぴかぴかの成魚がならぶと市場が活気づく。これを塩・麹《こうじ》・米を三・五・八の割合で漬けた〈三五八《さごはち》漬〉は酒の肴《さかな》に格好だ。漁獲過剰で激減したハタハタを危惧した秋田県は平成四年から三年間禁漁を続けて復活させた。鳥取あたりから北の日本海沿岸は早い時期からハタハタを水揚げするが、秋田は今も解禁日を守る。

秋田の酒は伝統的に米の味が重いどっしり型だったが、ここ十数年の日本酒の好みに合わせたフルーティーな吟醸系にシフトして「美酒王国」になった。私が歳の暮れに世話になった方に贈る、ついでに自分のも注文する酒は、本荘「由利正宗」の「美酒の設計」が定番だが入手困難で、秋田市の懇意の酒販店に頼み製造前に予約してもらっている。また農大醸造科ではなく東大文学部を出た「新政」八代目が、彗星《すいせい》のように全く独自に始めた酒造りは日本酒界に革命的なセンセーションをおこし、現在なお業界注目の的だ。

秋田は「小鍋立」の王国で、〈塩鯨と茄子《なす》〉〈蓴菜《じゅんさい》とシラウオ〉などを、出汁《だし》の出る大きなホタテの貝殻を鍋にして火にかけ、ぐつぐつしてきたところをいただく。味付けはもちろん〈しょっつる〉だ。これは家庭料理で、子供でも男子は主人と同じに一人一鍋を与えられた。〈いぶりがっこ〉と〈小鍋立〉で一杯が秋田の基本だ。

東北三県のうち、青森、岩手にはネオン街、居酒屋街、料亭街といったものはなく、せいぜい飲み屋横丁だ。しかし鉱山景気で活気のあった秋田はべつで、東北一の繁華街・川反通りは料亭が並び、黒塗りハイヤーが控え、「川反芸者」が座をにぎわした。往時は企業貸し切り座敷が絶えなかったそうだ。今は官官接待自粛で賑《にぎ》わいがないと嘆いているが、そういう時代があったのだ。（蛇足　青森、岩手の官官接待は赤提灯《あかちょうちん》

というのがいじらしい）

地元の誰もが言う秋田の酒の飲み方の特徴は「だらだらとながい」。酒飲み日本一を高知と争うのが秋田だ。家飲みも、休みの日になると一升瓶片手に誰かの家を訪ね、その家がまわりに「○○が来とる」と知らせ、知らせのあった家からまた夫婦が料理持参でやってくる。そうして長い冬の夜を「だらだらとながく飲む」。これは県民性を生んでいるにちがいない。

●秋田　酒盃《しゆはい》

市役所近くの山塞《さんさい》のような大きな三角屋根が秋田屈指の名居酒屋だ。料理はすべて秋田の郷土料理に準拠して主人が洗練を加えたものばかり。最初に出る箱膳の九種の珍味で充分飲めるが、ぜひ各種小鍋立〈貝焼＝かやき〉を楽しんでいただきたい。酒は秋田の優秀品がずらりと揃《そろ》いそちらもＯＫ。野花を飾る店内、剃髪作務衣主人自作の器もすばらしい。

●秋田　ん。TACHIKAWA

摘草料理で名高い京都「美山荘」でながく修業した主人は、独立した自分の店を秋田で開いた。秋田の海の幸の新たな発見、自分の畑、キノコ栽培、山菜採りなど徹底した地産地消を、腕に憶えた技で扱う料理は変幻自在に魅了する。ヨーロッパ山小舎風ビストロの店内もまた新境地。自分独自の料理を大都会でないところで展開する新しい流れの店の一軒。

●秋田　炭焼酒場おもろ

繁華街・川反を離れた住宅地にぽつりと洋風の一軒家。秋田名酒「一白水成」のお燗は錫のちろり。〈お通し三種盛り〉の生タラコの出汁しょうゆづけ、ひろっこ（浅《あさ》葱《つき》の若芽）のとんぶり和え、午前中まで腹にいただだみ（タラの白子）の淡いピンク色はエロチックな旨さ。ブームの〈三関せりのおひたし〉は「根っこが命」の盛りつけ。〈男鹿の棒あなご〉はクロヌタウナギという不思議な魚。〈いぶりがっこのお揚げチーズ焼〉は新鮮。秋田素材をさらに工夫した料理、明るい若夫婦に地元の食通でつねに満員だ。

●能代　べらぼう

秋田杉の木材産業で「木都」とよばれた能代まで来ると秋田の深さを感じる。店名は店内に飾るユーモラスな舌出し凧《たこ》「べら坊」から。秋田はきりたんぽと比内地鶏を忘れてはならない。比内地鶏の出汁に「だまこ（半殺しの団子）」と、たっぷりの野芹の〈だまこもち鍋〉は絶佳。能代名酒「喜久水」の当店用純米吟醸「うぼらべの酒」は冷やがおいしい。

岩手

落ちついた町の落ちついた居酒屋

面積は北海道に次ぐ全国2位。人口約120万人の大半が、内陸の北上盆地（盛岡市、北上市など）に住む。太平洋に面する三陸海岸ではあわびなどの養殖が盛んで、その沖合は世界有数の漁場として知られる。「わんこそば」が有名で、ビールの原料であるホップの生産量が日本一。

秋、肌寒さを感じるようになると盛岡を訪ねたくなる。雫石川、北上川、中津川が合流する盛岡は川の町。秋十月になると市内中津川の橋の上から、北上川を遡上《そじょう》してきた鮭を見ることができる。必ず夫婦つがいで産卵を続け、だいたいこのあたりで息絶えて浮かび流され行く姿はまことに貴い。

仙台あたりはまだ東京の匂いを残すが盛岡まで来るとそれは消え、自主独立した東北の生活や文化が落ち着いた町を作っている。映画館、喫茶店、書店が多く、盛岡劇場の市民演劇や名物の文士劇もその表れだ。駅から開運橋を渡った、北上川と中津川にはさまれたあたりが県庁やもりおか歴史文化館、盛岡城跡公園のある市の中心部で、菜園地区の映画館通り界隈は飲食店やホテルの集まる夜の繁華街だ。そこから中津川の中の橋を渡って続く盛岡八幡宮参道は古い盛岡の町が味わい深く、「中の橋」際の「岩手銀行旧本店本館」「盛岡信用金庫」「旧第九十銀行（現・もりおか啄木・賢治青春館）」の盛岡三大クラシックビルがいい。

世界遺産の奥州平泉を訪ねるには一関が近く、北国の小都市らしい広がりのある町並みが楽しめる。駅近くの居酒屋「喜の川」、蔵造りの「こまつ」はおすすめだ。

日本三大杜氏のなかでも全国最多を誇る「南部杜氏」の総本山・岩手の酒はどっしりとして、飽きずにたくさん飲めるのが特徴だ。県内に点在する二十三の蔵はいずれも古い歴史をもち安定感がある。

肴《さかな》もやはり秋がいい。里芋が出始めると盛岡の人は「津志田」がうまい、いや北上の「二子」だと産地を選び〈芋の子汁〉にする。そしてキノコ。舞茸、松茸のような高級品よりも、様々な俗名をもつ「雑きのこ」にこそキノコのだいご味があり、ぬめりいっぱいの〈きのこ汁〉が楽しみだ。盛岡は内陸だが三陸の宮古港から二時間半で魚が届き、サンマでもウニでもイクラでも新鮮さは保証付きだ。盛岡三大麺〈わんこそば〉〈じゃじゃ麺〉〈冷麺〉は地元のソウルフードで店はお好み。さらにラーメンもおいしい店がいくつもある。

そして岩手は豆腐消費量が多い県であるのも豆腐好きにはうれしい。盛岡八幡参道入口の老舗居酒屋「とらや」で、入ってきた客のほとんどが座りながら一言注文する「豆腐」は、削り節・葱《ねぎ》・海苔たっぷりに一味唐辛子をぱらりとかけた、私の言う「日本三大居酒屋湯豆腐」の一つだったが、閉店してしまったのが残念だ。まだ店舗は残っているので誰かやってくれないか。

もう一つのおすすめは盛岡城跡の下にある櫻山神社の参道両側三筋に、木造二階建てがずらりと並ぶ横丁だ。戦後の引揚者から始まり、居酒屋をはじめ、ワインバー、餃子屋、花屋、薬局、不動産、喫茶店などもある。一時取り壊しの話もあったが保存運動が実り、今やJR東日本キャンペーンで吉永小百合さんを撮影するほどの重要な観光資源となった。老舗も若手もいくつもある居酒屋はどこも良心的で安心でき、それは自分たちの横丁をいつまでも健全に守るという姿勢の表れだ。全国から消えつつある飲み屋横丁が観光資源として町の名物になっている模範的な例で、カップルでも夫婦旅でもこういう横丁なら旅の情緒が深まるにちがいない。

岩手の県民性は、人の話をじっくり聞いて、控えめに自分を語る落ち着きが魅力だ。

そうして盃《さかずき》をゆっくりと重ねるうち、慌ただしい日常を離れ、いつしか自分を見つめる気持ちにもなってゆく。酒を共にするには最上の相手だ。

●盛岡　惣門《そうもん》

盛岡八幡宮に近い料亭街だった場所にある割烹居酒屋。座敷もあるが奥の小さなカウンターがお目当てだ。主人のつくる肴はまことに精緻《せいち》に手がこんで唸《うな》らされ、毎日変わるという〈八寸お通し盛り〉目当てに毎日来る客がいるそうだ。古い建物に飾る、八幡宮秋恒例の流鏑馬《やぶさめ》の当たり的や旧藩の陣笠、槍、火縄銃などは盛岡の歴史をみせて興味深い。

●一ノ関　喜《き》の川《かわ》

駅のすぐ近く「酒肴」の大書幕が目印。お通しは〈ソイ唐揚〉〈肉じゃが〉〈さんまつみれ煮〉〈よせ豆腐〉〈真たら煮付〉など季節に応じてカウンター大皿から選べる。気仙沼港直送の戻りカツオの特厚切り薬味たっぷりの味は濃厚で香りもすばらしく、南部杜氏の一ノ関地酒「関山」によく合う。奥座敷のにぎやかな声を聞き流して、カウンターで板さん相手にやる一杯は、旅の醍醐味満喫。

●一ノ関　こまつ

駅前からややはずれた通りに建つ白壁蔵が闇夜にライトアップされて美しい。名産・水山養殖場の牡蛎は一年中食べられ、春から夏が旬。お母さんが畑で作っている超巨大無臭にんにくを味噌で食べる〈にんにく揚げ〉は必食。秋からは鮭とイクラの〈紅葉漬〉が燗酒に最高の友。代替わりした息子さんは大黒柱の落ち着き。瀟洒《しょうしゃ》な蔵空間、実力ある料理、家族の雰囲気が温かい名店。

宮城　都会性と横丁文化が交錯する

人口230万人弱は東北で最多。100万人以上が暮らす県都・仙台市も東北一の大都市。東北にしては冬の寒さが穏やかで、雪も少ない。東北で最も広い仙台平野は、米づくりなどに適している。石巻や気仙沼といった全国有数の漁港があり、日本一のフカヒレの産地でもある。

仙台は東京駅から新幹線で二時間。駅前やビジネス街は東京とあまり変わらないが、高台の青葉城跡に立つ威風堂々たる伊達政宗像や、広い定禅寺通りの梢高い欅《けやき》並木は「杜《もり》の都」を実感させる。笹かまぼこ、牛タン、ずんだ餅、駅弁の種類日本一など食も充実。商売繁盛の守り神・仙台四郎は実在の人物だったそうで、今や人形も人気の元祖ゆるキャラだ。

居酒屋を特徴づけるのは数多い横丁で、繁華街国分町を縫う伊達小路、稲荷小路、狸小路、虎屋横丁。さらに青葉通と南町通に並行して長い壱弐参《いろは》横丁、離れた仙台銀座など、表通りのビジネスビルやファッション街とはちがう人くささが夜の賑《にぎ》わいとなる。きちっとしたビジネスーツのサラリーマンが横丁の居酒屋で飲んでいるのは仙台らしい風景で、一泊できる出張組がまた嬉々として盃《さかずき》を傾ける。東京と気軽に行き来している仙台人は都会的でありながら地方文化を大切な資産と自覚している合理的なところがある。

大正三年(一九一四)に通じた一番古い「文化横丁」通称「ブンヨコ」のどんづまり、幅六十センチもない極細路地の奥にひっそりとある昭和二十五年開店の「源氏」は仙台の名酒場。江戸末期ころの頑丈な米蔵に大きなコの字カウンターがまわり長腰掛が囲む。常連に仙台の経済人や東北大学の先生も多く「ここで教授会が開ける」と言われた。

宮城の蔵元は「純米酒宣言」以来、上級酒に力を入れ、地酒は非常にレベルが高い。国分町から定禅寺通を渡ったビル地下の「一心」は「宮城県産酒は宮城県民の宝です!」を標語にかかげ、食材も地元にこだわる元祖地産地消の東北を代表する名居酒屋。小上がりは大勢でも座れ、県外の居酒屋ファンも多い。

三陸・気仙沼は東日本大震災の被害をまともに受けて壊滅状態になったが、名居酒屋「福よし」は、地元を離れず、復興のシンボルとなるべく一年半後には店を再開。それも高台に上がらず、さらに港に近くしたのは「船が運んでくる魚」を目の前で受け取るため。漁港あってこその気仙沼という覚悟だ。新店は、心の支えを失いかけた人々や、復興ボランティアに感謝する場所となり、居酒屋というものがいかに社会の支えになっているかを確認させた。

●仙台　源氏《げんじ》

コップ酒一杯ごとに異なるお通しが出て、その一品〈ぬか漬〉は創業以来七十年近いぬか床だ。今や珍しい流動式燗付器《かんつけき》の燗酒は比類なくやわらかい。〆鯖《さば》、ごま豆腐など一品ものも充実。舟型に髪をまとめた物静かなおかみは「日本三大白割烹着美人おかみ」の一人。舟底天井の下、ほの明るい行灯《あんどん》、野花が飾られた静謐《せいひつ》な店内を訪ねる県外ファンも多い。

●仙台　一心《いっしん》

宮城県産酒すべてに全国の銘酒も加わるが、まずは一心のプライベートブランド「伏見男山純米大吟醸中汲み」の清雅な気品をぜひ。お通し〈活きボタン海老〉との組み合わせは感動ものだ。宮城沖産を中心とする魚介の、夏のホヤは鮮度抜群。冬のタラ尽くしもうれしい。茶色の忍者風衣裳できぱき働く女性たちはじつに感じがよい。

●仙台　かん

東北一の繁華街・国分町のややはずれのビル二階。純米酒宣言した宮城の酒ぞろえに、例えば〈手造り豆腐枝豆あんかけ〉〈黒ソイ炙り刺し〉〈松島産穴子煮こごり〉など、充実したお通しが三品が順に出るのであわてなくてよい。さらに海のパイナップル〈ホヤ〉は大ぶりで炭火焼きもおすすめ。もと食品商社マンだった主人は人当たりよく、女性ファン多し。

●気仙沼　福よし

震災直後に港に再開した店は、町が整備されて再び元の場所に戻った。看板「日本一の焼魚」は昔どおり、大型囲炉裏《いろり》に赤々と熾《おこ》る炭火に串刺しを立て、熱の当たり具合を確かめながら角度を変え、したたる脂が受け紙をにじませる。港直送の刺身盛りもすばらしい。守ってきた古い家具も風格。東北復興の象徴ともいえる名店をぜひ訪ねてください。

山形　庄内の豊かな産物と気風の出会い

県中央を日本海に注ぎ込む最上川が流れる。その流域に多くの人が暮らし、上流から「置賜」「村山」「最上」「庄内」に大別される。どこも豪雪地帯だが、地勢や幕藩体制のなごりから、方言や食文化が少しずつ異なる。人口約105万人。村山地域に属す県都・山形市に25万人弱が住む。

私は山形市にある大学に通って教えていた時期が八年間あった。はじめは、これはよい機会だから授業を終えた夜は地元の居酒屋をはしごしようと張り切った。しかしやがて通いたいほどの店はないことがわかり、半年ほど過ぎると、逆に禁酒デーと決め、研究室にこもることにした。おかげで体のためになり、授業にも力が入って金も使わず、良いことづくめだったが退官してからは一度も行っていない。

山形市は居酒屋が少なく、数度入った店の主人は、山形の人は話ばかりしていて注文しないと嘆いていた。食への興味はあまりないようだ。名物の秋の〈芋煮〉は米沢牛を使うたいへんおいしいものだが、各人が時季に河川敷でやるもので、居酒屋で出しても誰も注文しない。それでも山形を訪ねた旅行客用に出していたが、河原でやる素人（？）には到底かなわない迫力のない味だった。

清冽《せいれつ》な時代小説の名手・藤沢周平が生まれ故郷をイメージして書いた海坂藩シリーズで、鶴岡は人気の町となった。藩校・致道館に象徴される学問を大切にする気風、社会を改良しようと務める下級武士の気概は、ひとえに歴代藩主・酒井家の治世により、今も市民は「酒井の殿様」と呼び「鶴岡は武士の町、酒田は商人の町」と誇りをこめて言う。

また庄内地方は海山の幸にたいへん恵まれ、春の筍の〈孟宗《もうそう》汁〉、夏の〈民田茄子《みんでんなす》〉〈岩がき〉〈口細カレイ〉〈だだちゃ豆〉、秋の〈温海《あつみ》かぶ〉、冬の〈はたはた〉〈まこがれい〉〈どんがら汁〉など、その時期に食べねばならぬ旬が「二週間おきにある」豊かな食の地だ。ではそれを出す居酒屋、料理屋が多いかというとそうでなく、武士の町らしく、飲食は家でするものという気風が今も続いている。

一方、酒田は北海道と関西を結ぶ北前船交易の主要港として発展し、酒田甚句〈シャンシャン酒田はよい港　繁盛やおまへんか〉に関西言葉が残る。日本一の大地主であった本間家を軸に豪商、廻船問屋は大屋敷を構え、船主などを派手に接待した。となれば花柳界はもちろん料理屋文化も栄え、料亭「相馬樓」の酒田舞娘や「山王くらぶ」の贅《ぜい》をこらした部屋などに脈々と伝わっている。山形県で酒を飲むなら酒田がいい。

ついでに書いておけば酒田は日本一の〈ワンタンメン〉の町で名店がいくつもある。その一軒、旧柳小路の昭和二十二年創業「そば川柳」は、ワンタンを箸で持ち上げると、ぐっしょり濡れたハンカチほどに大きく重いが決して破れず、なめらかな喉ごしは比類がない。使う皮は新聞に置くと下の文字が読めるほど薄いが、茹《ゆ》でても破れない腰の強さに粉打ちの技があるそうだ。酒田に着いたらまずここ、そして飲んだ後もここが決まりになった。

村山、最上、置賜、庄内と四つの地域に分かれる山形県はあまり統一した県民性は感じられず、米沢、鶴岡、酒田など町の個性がおもしろい。

●鶴岡　いな舟《ふね》

枯れた風格の鶴岡屈指の割烹だが、カウンターで地酒「栄光冨士」と庄内平野の味を楽しめる。秋からのおすすめ〈ハタハタの湯上げ〉はゆがいて大根おろし、ハタハタはこれが一番。冬のタラの〈どんがら汁〉、白飯に味噌を塗り青菜漬で巻いたおにぎり〈べんけい飯〉もいい。着物のおかみの「ですのう」という庄内言葉がのどかな気分をかきたてる。

●酒田　久村《くむら》の酒場《さかば》

創業慶応三年（一八六七）の大きな酒屋が、いつのまにか店先で一杯飲ませるようになった。土間のガラスカウンター机は、下に並べた〈子持ち煮イカ〉〈海藻ギバサ〉などの皿を選びやすい。さらに広い廊下、奥座敷でも飲め、酒屋だけに地元だけの銘酒もずらり。一升瓶の瓶燗《びんかん》は絶佳。にこにこ愛想よい美人おかみさんで、地元常連が今日も席を埋める。

●酒田　まる膳《ぜん》

料理好きのお母さんが、郷土料理をさらに深めるため東京の少数精鋭料理教室に何年も通いながら始めた清潔な店。〈蕗《ふき》と揚げの煮物〉〈手製の塩納豆〉〈紫蘇《しそ》巻〉〈魚の塩麹《しおこうじ》漬〉などは酒がすすんでこまる。一番人気は飛島産の岩海苔で包んだおにぎりで、これだけを食べに来る人もいる絶品。白割烹着が似合う安心できる居酒屋。

福島　保存乾物と会津気鋭の酒

面積は岩手県に次いで全国3位。人口は約180万人。奥羽山脈の西側で雪がたくさん降る「山通り（会津）」、太平洋沿岸で雪がほとんど降らない「浜通り」、それらの間にあって県都・福島市を含む「中通り」に大別される。会津地方を中心として日本酒の酒蔵が数多くある。

福島県は、太平洋側の浜通り、山間の中通り、山深い山通りの三つに分かれ、浜通りは海に向いて気性が荒く、中通りは中庸、山通りの会津は戊辰戦争の恨みを残す不屈の気質が強い。

居酒屋を楽しむのなら山通りの会津若松が一番だ。ここまで行くのは遠いが、酒も味も気風もそれだけの価値がある。会津の酒はここ十年くらいで劇的に水準が上がり、名酒鑑評会で選ばれる数も常連の新潟を抜いてつねに一位を争う。特徴はすっきりと男らしく、腹が座っていると言おうか。

その功労者の一人が会津の大きな料亭を継いで居酒屋も始めた鈴木真也さんだ。東京の大学を出て京都で料理修業を終えて帰って来たが地酒の質の低さに慨嘆。地元の「清酒アカデミー」に呼ばれ「中山峠の『ここより会津、酒の郷』の看板が恥ずかしい、日本にはもっとよい酒はいくらでもある」と叱咤《しった》した。そのとき最前列で聞いていた青年が数年後持ってきたのが「飛露喜」だった。それを皮切りに若い蔵人は目覚め、「奈良萬」「天明」「会津娘」「無為信」「泉川」などの良酒を次々に産みだし「ここより会津、酒の郷」の看板は本物になった。

また山深い会津は質実にして美味な料理がいくつもある。その一つは生魚のない山国の身欠き鰊《にしん》や塩鯨などの保存乾物料理だ。身欠き鰊を何日もかけて上等な酢でもどし、山にたっぷりある木の芽山椒《ざんしょう》で二度漬けした〈鰊山椒漬〉は、鰊の背は青と銀に光り、身は鮮やかなピンクで「新鮮」と言いたいほどだ。夏野菜をたっぷり入れた真夏の〈鯨汁〉も最高。根菜やキクラゲ、コンニャクなどを細かく刻み干し貝柱の出汁《だし》で煮た〈こづゆ〉は宴席料理で、昔は椀蓋《わんぶた》、今は専用のこづゆ椀で何杯もお代わりできる。

古文書で郷土の古い料理を見直し、さらに自然農法による地産地消を徹底した「食による産業振興」を目指しているという鈴木さんの店「籠太」には「會」一文字の藩旗が掲げられ、山深い地に信念を持ち社会を改良してゆく会津藩士の気概がみえる。

もうひとつ山国らしいのは会津坂下の〈馬刺〉だ。日本で馬肉を常食するのは熊本、信州、東北で食べ方も違う。私は信州松本の出身だが、辛子味噌で食べる会津坂下の馬刺が日本一と思う。忘れてならないのは秋のキノコ。会津の居酒屋「麦とろ」の主人はきのこ名人で、大物が採れると電話してすぐやってくる東京の客が大勢居るそうだ。ここの舞茸と馬刺で一杯やれば「会津磐梯山は宝の山よ」を実感できるだろう。

会津ばかりが福島の酒ではない。浜通り・浪江町の、日本で一番海に近い蔵「磐城《いわき》壽《ことぶき》」は、東日本大震災の津波ですべてが流され廃蔵を覚悟したが、隣りの山形県の東洋酒造が空いている蔵を提供し、醸造試験場に残っていた酵母を使って酒造りを再開した。その酒は浪江町役場が臨時移転していた福島県二本松市で行われた浪江町消防団の出初め式で披露され「これが浪江の味だ、早く帰って来い」と激励された。

その酒は満天下の日本酒愛好家から絶賛され蔵の復興が約束された。蔵が蔵を助ける義侠《ぎきょう》心、日本酒の良さはここにある。その義侠心は日本中が見習うべきだ。会津は大震災罹災《りさい》者のための仮設住宅をいちはやく用意し、今もたくさんある。

初めて会津を訪れた時、鈴木さんから「会津の三泣き」という言葉を教わった。いわく転勤してきた人が、遠隔地に流された気持ちで一泣き、会津の人情に二泣き、会津を離れるのが淋しくて三泣き、と。私は会津も、そこに住む人の義侠心ある生き方も大好きだ。それは山深い盆地で、自分を支える生き甲斐を自分で作らなければならない、私の出身地信州松本と似ているからと知った。その生き甲斐を社会改良に向けるところが立派だ。

●会津若松　籠太《かごた》

客の顔を見ながら仕事をしたいと料亭の一階をカウンターにした居酒屋感覚がいい。履物を脱いで上がる木の床は夏はひんやり、冬は温かく、会津郷土料理と名酒をぞんぶんに味わえる。奥様の〈生サンマ巻串〉は手がかかるがすばらしくおいしく、三〇〇円では申し訳ないようだ。本物の郷土居酒屋をもとめて全国から人が集まる名店。

●会津若松　鳥益《とります》

主人手作りの木彫看板がずらりと並ぶ外観、店内も頑丈なよろい戸や、漆塗りの蔵戸など古民芸が重厚だが、店は年配奥さんと美人若おかみなど女性ばかりでやわらかい雰囲気。グラグラと煮えて届く〈どじょうニラとじ鍋〉も山国のスタミナ料理といえ、じっくり灰に潜らす〈焼き茄子《なす》〉は日本一と言おう。会津の酒に新潟酒も揃《そろ》う。

関東

茨城　おいしい魚があれども、商売ができない

太平洋に面し、茨城（常陸）から福島（磐城）の沿岸で獲《と》れる魚は「常磐物」と呼ばれ、ヒラメやカレイ、アンコウなどが有名。沿岸部は冬でも暖かなのに対し、内陸部の冬は気温が下がる。農業産出額が全国3位で、鶏卵、メロン、ピーマンなどが全国1位。人口約285万人。

北関東茨城の気質を『人国記』（室町末期成立といわれる日本各地の風俗・人の性向を著した書）はこう書いている。

〈ただ盗賊多くして、夜討ち、押込み、辻斬り等をして、その悪事顕はれ、罪科の行わるるといへども、恥辱とも曾《かつ》て思はず、微塵《みじん》も非義、非礼ということを知らざるやうの風儀にて、ただ肝胆の間、逞《たくま》しく生まれ付きてかくの如くと見えたり〉

そこまで書くか。すごい県民性だ。水戸の人間「水戸っぽ」は「理屈っぽい、骨っぽい、怒りっぽい」の意。直情径行かもしれないが短気は困る。

昔、水戸に赴任していた友人を訪ね一杯やろうとなった時「水戸は敬語未発達地域

だから、腹を立てるな」と注意され、それはその通りだった。納豆料理が看板の店で注文の納豆（包装を開けて出すだけ）が三十分以上も届かず苦情を言った返事は「こっちだって忙しいんでちょっと待っててください」で腹を立て、「いらん」と出たが詫びの言葉はなく、「詫びる」という概念はないと知った。かつて警視庁警察官の一割以上を茨城出身者が占めて「茨城巡査」という言葉があり、警官が横柄な口をきくのはそのためと言われた。

一方、徳川御三家の一つである水戸藩の幕末、過激尊王攘夷派は脱藩し、開国派の大老・井伊直弼にテロを仕掛ける桜田門外の変をおこした。直情径行の代表だ。藩は武道を奨励するだけでなく、儒学を中心にはやくから藩校を開学して「水戸学」を生み、代々藩主が『大日本史』を明治に至るまで編さんを続けて完成させたアカデミックな地でもある。直情径行とは違うような、同じような、水戸黄門世直し物語（フィクションです）は大日本史編さんのため諸国をまわった二人が助さん格さんのモデルという。駅前に大きな三体像が立つ。

鹿島灘をひかえた大洗は魚の一大集散地で、街道沿いの「大洗海鮮市場」は買い出し自家用車の客でいつもいっぱいだ。しかし魚はあっても、理屈っぽくて、怒りっぽくて、敬語を使えないのでは商売には最も向かない。その地の居酒屋はどうだろうか。

私のごひいきは水戸駅から少し歩く「田吾作」だ。マンション一階で十五年続けたカウンターだけの店に客が入りきれず、二階に越して住居の部屋を改造して大きくした。その頃行って見た満員の盛況は、良い料理、(敬語も使える)愛想よい店主が水戸に待望されていたんだと感じた。水戸人といえども東京は通勤圏で、よい居酒屋とはどういうものか知っており、それが水戸にはなかったんだろうと。

●水戸　田吾作《たごさく》

大洗の魚は申し分なく、今や貴重な〈鹿島蛤《はまぐり》〉は本場の意地を見せる。マグロ、カンパチ、タコ、山芋、沢庵などを刻み込んだ名物〈田吾作納豆〉はぜひ。首タオルの主人は変わらず腰ひくく元気そのものに陣頭指揮する。マンションは古びてきたが店内は明るく、活気がある。近くに大きな新店も開店して水戸の居酒屋を独走する。
＊「田吾作」は閉店、近くに「田吾作月」として変わらず続いている。

栃木

山国には山国の居酒屋あり

人口190万人強。夏に激しい雷雨が多いことで知られ、50万人強が住む県都・宇都宮市は「雷都」という通称を持つ。冬に吹く乾燥した季節風は「男体おろし」「那須おろし」などと呼ばれる。いちご、かんぴょうの生産量が日本一で、生乳の生産量が北海道に次いで全国2位。

県民性関連の本で書くことがなく苦慮しているらしい一つが栃木県だ。それは特徴が薄いから。関東は東京に一極集中して周辺はベッドタウン、もしくは日帰り地域で、観光客を誘致しても泊まらず帰ってしまう。住む人はことあらば東京に行けるので、地元を良くしてゆこうという機運も薄い。

その通りだが、居酒屋に関しては魅力も特徴もある。

栃木に行く用事がないと言うなかれ、日光がある。なんだ日光か、と言うなかれ。東照宮は徳川二代将軍秀忠・三代家光が造営した家康の霊廟《れいびょう》で、規模は非常に大きく、全山を包む深い森に表門、陽明門、本社、奥社と続き、山の参道を歩くと杉の巨樹の木漏れ陽がまことに貴く感じられる。それを詠んだのが芭蕉の句。

あらたふと青葉若葉の日の光

「あらたふと」は「あら、貴し」。「日の光」と地名「日光」を読み込んだ。日光とは文字通り「光」。世界遺産の光を浴びれば寿命ものびるだろう。

帰路は宇都宮だ。宇都宮は餃子を売りにするが「作った名物」で、それ以上のものではない。浜松も同様、地元ではそれほどでもない話題作りの域。(余談だが私の思う日本一の餃子都市は神戸だ。はやくから華僑が住んで日常食の歴史が違う。画一的なアイデア名物ではない各店の個性がたいへん明確なのが特徴。余談終わり)

そうでなく、宇都宮の食は居酒屋にあり。県庁に近い(ちなみに地方の繁盛する古い居酒屋は県庁裏が鉄則)「庄助」は大きな赤提灯《あかちょうちん》と下の大甕《おおがめ》に盛大に活けた野花が目印だ。できたての湯気を上げるカウンターの大皿は、おから、肉じゃが、里芋と厚揚げ、高野豆腐と人参、炒り豆腐、おでん。魚もあるがやはり山国のものが多く、それが楽しみになる。

白眉は秋の〈きのこ鍋〉で、主人は何十年も塩原のキノコ採りを欠かさない。キノコは料理の難しい食材で慣れないとキノコの出汁《だし》が出ない。栃木では、採りたてを折ると白い乳が出るチタケ（乳茸）というキノコを珍重し茨城まで採りに行くが、そちらでは見向きもされないというのが面白い。チタケに茄子《なす》はつきもので〈チタケ茄子煮〉はあれば必食だ。

天井隅に簾《すだれ》のようにぶらさげた〈柚餅子《ゆべし》〉柚子味噌は秋に採れた柚子をくりぬいて味噌と鰹節《かつおぶし》を詰め、紐《ひも》で巻いて何日も干す。その黒く固くなったのを薄くスライスすると酒に絶品、私はこれを「山のカラスミ」と呼ぶ。

庄助は昭和二十五年開店の老舗で主人は二代目。ここで見せていただいた本『ふるさとの店』（読売新聞社編／昭和四十二年）は県別に味どころを紹介した、いわばいま私が書いている本の先達で、栃木「庄助」をこう紹介する。

〈――宇都宮でも味にうるさい連中の集まる店で、一、盃《さかずき》のやりとりはしない。二、議論、放言はせず、おとなしく飲む、三、他人に迷惑はかけない。が庄助憲法。五～七時ともなると宇都宮の茶の間の感。〉

書き手は宇都宮大教授だ。おだやかに飲むのが特徴、宇都宮の茶の間の感は今も同じで県庁人も多いようだ。私はこの居酒屋が山国の息吹をよく伝えていると思う。

●宇都宮　庄助《しょうすけ》

カウンター下の地産・大谷石の足乗せは踏み具合がやわらかい。置いている日本酒は福島の「末廣」で、戦後の酒のないときに調達してくれた恩を忘れないためだそうだ。宇都宮餃子の味をつくるという栃木名産の〈ニラお浸し〉は最高。居酒屋主人が天職のような二代目主人、花好きで気さくな奥さんが温かい。

群馬　かかあ天下と萩原朔太郎

1年を通して晴天が多く、雨が少ない。冬には乾燥した季節風「からっ風」が日本海側から吹き下ろす。長い日照時間と水はけのよい土壌が小麦栽培に適する。渋川市伊香保町水沢地区でつくられる「水沢うどん」が有名。こんにゃくいもの収穫量が日本一。人口190万人強。

上州群馬はかかあ天下とからっ風、もひとつ加えて国定忠次。以上終わり。では原稿にならない。

群馬の富岡製糸場と絹産業は世界遺産に登録され、今や見学者の絶えない観光地にもなった。絹糸を作るには蚕が欠かせない。その「お蚕さま」の主食は桑の葉。黒澤明の時代劇『用心棒』は、上州の宿場町の敵対するやくざを相打ちさせる痛快作。タイトルバックは赤城山を望む桑畑を歩く素浪人（三船敏郎）。ある親分の二階座敷で名を問われて外を見渡し、

「名か、名は……桑畑、三十郎。もっとももうすぐ四十郎だが」

と名台詞を吐く。では博打《ばくち》を好むからっ風の土地柄の居酒屋はどうかというと、

「居酒屋か……あまりない、しかし全くないわけではない」

三十郎気取りはやめて一軒を紹介しよう。前橋駅から歩いて十分ほどの居酒屋「つくし」は、ぎっしり繁った緑の蔦《つた》がかぶる真っ白な長のれんに、夕方からは行灯《あんどん》看板の灯が照り映え、のれん脇に茂る緑の中に置いた品書きにも小さな灯が当たる。だれでも入ってみたくなる、まことに風情のある玄関だ。

中は小さなカウンターと畳一枚より狭い小上がりのみで、いやでも客は肩を寄せる。カウンターのざるには、キノコ、茄子《なす》、かぼちゃ、とうもろこしなど。壁に貼った手書きのビラは、蝶が舞うような独特の筆書だ。よく味のしみた大根煮に蕗《ふき》味噌をのせたお通しは田舎料理の味。珍しい〈メサワラ〉に添えた青麦穂が清々《すがすが》しい。

ここは開店五十年になる老舗で、壁には演劇や美術展のポスターが貼られて、前橋の文化拠点のようでもある。前橋競輪開催日は、横浜や地方からの選手追っかけファンでカウンターが埋まり、ひいき選手の情報交換で盛り上がるそうだ。そういう人がいるとは知らなかったが、さすが博打好きの群馬か。

しかし開催日以外は、何か話をしながらゆっくり盃《さかずき》を傾けたい人のたまり場のよう

だ。「日本近代詩の父」といわれ、代表作『月に吠える』で知られる萩原朔太郎《さくたろう》は、明治十九年（一八八六）前橋に生まれ、長女・萩原葉子も作家、その息子・萩原朔美《さくみ》は演出家として知られる。市内の広瀬川沿いに朔太郎の詩碑も立つ。競輪よりは文学派の私は、前橋文学館の話など聞きながら一杯やったことでした。

●前橋　つくし

群馬の名酒「群馬泉」をはじめ各地の酒はよくそろい、地鶏網焼、牛すじ煮、山菜などで楽しめる。主人の父は春日八郎のヒット曲「お富さん」を作詞した方で、額の記事「群馬の偉人」に写真入りの評伝が載る。そんな話を聞きながら、静かに流れる歌謡曲で一杯やるのも旅の酒。朔太郎の詩を思いだそう。

＊「つくし」は惜しくも閉店。

埼玉　東京隣りの名居酒屋地帯

内陸性の気候で、冬は寒く夏は暑い。快晴日数が日本一で、県北部の熊谷市などは全国有数の夏の酷暑地域として有名。さといも、パンジー（苗）の産出額が日本一。ビスケット類、アイスクリームの出荷額も日本一。うどんの生産量が香川県に次ぐ全国2位。人口730万人強。

東京から電車で浦和に酒を飲みに行っても、どこからが埼玉県とは思わないが、その地が「さいたま市」と聞くと突然ローカル感が強まる。

平成十三年、浦和、大宮、与野の三市が合併して「さいたま市」になり、十七年に岩槻を編入、人口一三三万人は日本で九番目の都市、と聞いても全く実感がない。浦和に住む私の友人は、名門進学高校もあり、進歩的な気風で知られる浦和の名に誇りをもっていたが「それが『さいたま市』、しかも平仮名で」と全くくさっていた。よくわかる。大きいことで自慢し、平仮名で親しまれようという発想は子供っぽく、お気の毒なことです。

そんなことをしなくても浦和は歴史もあるとても良い所だ。中山道六十九次、江戸日本橋から三番目の宿場町として往時は旅籠十五軒、商家二〇〇軒を数え、旧浦和本陣の門は立派だ。平安時代創建の名刹「玉蔵院」の寺内敷地には石の太鼓橋、枯山水の庭、そして樹齢一〇〇年のしだれ桜は訪ねる価値がある。縣社《けんしゃ》「調神社」は「つき神社」と読み「兎《うさぎ》」が大切にされ、狛犬《こまいぬ》代わりや、手水舎《ちょうずや》、正殿の柱の持ち送り、泉水の水吐口など、境内いたる所に兎が出没して、その発見が楽しい。

もう一つのおすすめはずばり「鰻《うなぎ》」。

利根川や沼の多い地形は天然鰻がよく採れ「中村屋」「山崎屋」など市内に二十軒の鰻屋があるが、旧浦和市のころは六十軒あったそうだ。明治二十一年創業「満寿家」は明るい店構えに家族客も多く、浦和では会合や法事などは鰻と決まっているそうでうらやましい。蒲焼きは蒸して焼く正調江戸前だ。

人口多い町に居酒屋は数多く、その特徴は「レベルは高く、居心地は気さく」。東京通勤圏だけに、客は東京の名居酒屋をよく知って舌が肥え、その要求が店を良くし、なお地元の気楽さも求める。屋根つきで狭いビルのような路地「ナカギンザセブン」の両側はすべて小さな居酒屋で、それぞれに個性があり、混んでいれば隣りの店、とまことに都合がよい。浦和は東京から飲みに行く価値のある居酒屋ゾーンだ。地元にとっては、東京で飲んで電車に乗るとその間に少し醒《さ》め、浦和でもう一杯となる。したがって店は夜八時以降から混み始め、遅くまで営業している。本格バーも多い。ある飲ん兵衛曰く「二回飲めていいんだよ」。

●さいたま　和浦酒場《わうらさかば》

二〇一四年にJR浦和駅近くのガード下からナカギンザセブンの先のビル二階に移転した。やや広くなったが、密度濃い居心地は変わらず快適だ。季節先取りの肴《さかな》に加え、埼玉の名酒「神亀」をはじめ一騎当千の名酒が終結。首手拭いの二人の燗番娘《かんばんむすめ》が看板。酒に合わせた燗具合は真剣そのものだ。東京からも地元も酒呑みが集まる、知らぬ者のない名店。

●さいたま　わたや

私と十年、居酒屋紀行番組を作り続けたプロデューサーが浦和の実家を改造して始めた居酒屋。ユニークなのは番組で知った全国の名店から肴の名品を取り寄せていること。〈珍味三点盛り〉は八丈島「梁山泊」のくさやチーズ、会津「籠太」の鰊山椒漬《にしんさんしょう》、宇都宮「庄助」の柚餅子《ゆべし》といった具合。酒ももちろん良酒ぞろい。最初の店名「おがわ」は「わたや」に変わった。

●川越　すずのや

川越は野菜の豊かな地。「おやさいとくだものとお酒と」をうたう「すずのや」のお通し〈川越の白菜とゆずのおひたし〉は最初に口にするのにぴたり。〈フライド里芋〉は里芋好きの私をうならせ、〈豆腐の味噌漬け〉はさらに名品。〈生カツオのニラ醤油和え〉〈紫大根としょうがの水餃子〉など各所に野菜が効果的だ。古い商店建物をモダンにリニューアルした店舗デザインの居心地は最高だ。

千葉　外房の漁師料理と内房の江戸前

東・西・南の三方を海に囲まれ、冬は暖かく夏は涼しい海洋性の温暖な気候。房総半島が大部分を占める。農業産出額が全国4位の農業県で、大根、なし、落花生などの産出額が全国1位。漁業も盛んで、タチウオ、コノシロ、スズキ類の漁獲量が全国1位。人口625万人強。

大きな房総半島は外房が広大な太平洋、内房が東京湾。千葉は典型的な海県だ。太平洋に突き出た銚子から九十九里浜を経て、南端館山に至る長い海岸線は小さな漁港が点々と連なる。黒潮に乗る魚は数知れず、例えば鰹《かつお》は、初鰹も戻り鰹も目の前を往復する。

狭い浦賀水道から入る東京湾は「江戸前の魚」が名高く、海苔の養殖や潮干狩りは伝統で、江戸前寿司の小肌に欠かせないコノシロや富津の青柳貝は名産だ。湾最奥の三番瀬の水質汚染は完全に回復し、豊かな貝をついばむミヤコドリの渡来数は一九九七年は十四羽だったのが、二〇一四年は三五〇羽に達したという。いま三番瀬は水鳥の天国となった。

外洋と湾内では魚介相も異なり、年中魚介に不自由することはなく、したがって酒の肴《さかな》も全く不自由しない。その典型が漁師が船の上で作る漁師料理で、青魚を味噌と薬味で叩く「なめろう」は、今や全国区の料理になった。白い飯だけ持って船に乗ればオカズは目の前に泳いでいるという寸法。味噌を使うのは醤油は船の上でこぼれるからだ。ちゃっかり酒も持ってゆき、その容れ物も倒れないように下が三角に広い船《ふな》徳利《とくり》。これで茶碗酒。漁師の酒食事は豪快だ。また広い平野は温暖な気候による農業もたいへん盛んで、江戸東京の野菜や米をまかなう豊かな田園が広がる。

東京山手生まれ育ちの私の知人は、東京から手軽に田舎に行ける千葉を「近所田舎」とよび、子供の頃の夏休みは房総の漁村の親戚の家に何日もあずけられて海水浴や昼寝の日々を過ごし、送りと迎えの日だけ両親が来るのを懐かしんでいた。山国育ちの私にはうらやましく、今でも巨大な東京駅地下から出発した電車が川を越えるごとに田舎の雰囲気を増し、ついには懐かしい日本の農山村になってゆく旅が大好きだ。

県民性の本に、千葉の人は「マナーも、礼儀も、公徳心も、政治家の道義もなっていなく、愛郷心もない」と一致しているのはいやはや。それはともかく私には千葉はたいせつな近所田舎で、漁師料理で一杯やる居酒屋も楽しみだ。千葉は昔からよい酒がそろい、言うまでもなく魚にぴったり合う男らしい飲み口が特徴だ。

●御宿　舟勝《ふなかつ》

御宿漁港の山の上の住宅地にある一軒家。〈なめろう〉は鯵《あじ》よりもトビウオ、イサキがベスト。これを氷と酢に浸《つ》けた〈酢なめろう〉はたたき込んだ青唐辛子で額にじわりと汗がにじむ。何年も試行錯誤した〈イカの沖漬〉はすばらしい。本来荒っぽい漁師料理を丁寧に見直し、「刺身よりうまくする」が、自ら漁船を出す親方の信条で、東京からの客がひきもきらない。

●勝浦　おさかな処《どころ》　さわ

外房で最も大きな町・勝浦の家族でも入れる大きな店。さっぱりした若主人の腕は冴《さ》え、〈なめろう〉はサワラや平目の時は絶対のおすすめ。叩き過ぎず叩き足りず、味噌は最小限に薬味で勝負。それをアワビの殻で焼く〈さんが焼〉は一枚のせた大葉がよい仕事をする。また勝浦に来たらB級グルメの王者〈勝浦タンタンメン〉をお忘れなく。

●船橋　三番瀬《さんばんぜ》

「東京湾の魚は完全に復活した。その証拠が前浜・船橋漁港に揚がる魚。鮮魚とは前の浜で獲《と》れた魚を一秒も早く食べること」を徹底する主人は、揚がった活魚を港で次々に処理して店に運ぶ。その〈なよし＝ぼら〉〈すずき〉〈鯖《さば》〉などはまさに目からウロコがばらばら落ちる。漁のない日は休んでしまうが、熱心なファンが絶えない「すごい」名店。

東京　江戸っ子の飲み方

都道府県の中で3番目に狭い土地に、日本人のおよそ10人に1人が住む。人口は約1400万人。都総生産の約9割を第3次産業が占めるが、農地（都の総面積の約3%）もわずかにあり、こまつな、ほうれんそう、なし、トマトなどが栽培されている。ビールの消費量が日本一。

人口も都市規模も格段に大きな首都東京は日本一の居酒屋都市だ。特色は、長い歴史をもつ古い店が特に下町にたくさんあること。その反対に最も新しいスタイルの居酒屋があること。そして日本各地の地酒を並べた銘酒居酒屋が多いこと。それはブランド好きゆえで、東京の客は酒にうるさく、知ったかぶりの一家言が多い。

そのうえで特徴は、あまり料理料理しない小粋な肴《さかな》をよろこぶ。せっかちな江戸っ子は注文したものがすぐに出てこないと機嫌が悪く、料理に凝るよりは味のはっきりした明快なものがいい。小鉢の簡単な肴でかけつけ三杯をキューッとやるいなせな「粋」を信条とし、飲むスタイルを気にするのが東京流で気取って飲む。しかし口ほどにもなく酒は弱く、三本も飲めば寝てしまい、長尺勝負の秋田あたりにはとてもかなわない。江戸っ子は口では勝つが酒では負け、東北人は口は負けるが酒では勝つ。

さらに東京は日本中の郷土料理が集まっており、それは日本中から来ている地方出身者に故郷の味や人情を提供するためでもあるが、地方都市の名店が東京で勝負してみたいと出店するからでもある。それは世界規模にもふくらんで各国スタイルの酒場もいくらでもある。それゆえ食材はありとあらゆるものがそろい、料理人はいくらでも腕をふるえる。

では東京で飲めばどこに行く必要もないかと言えば、断固それは違う。逆説的だが「東京ではない所で飲んでいることが、酒をうまくする」。地方の息吹や人の声、季節感の肌ざわりは、そこに行かなければ決して味わえない。その山に登ろうと思ったらそこに行くしかないのと同じで、この本の主旨もそこにあると理解いただきたい。

ここ数年の東京の居酒屋傾向は、都心の盛り場を離れた住宅地に、大人を相手に高水準の酒料理を提供する郊外型上等居酒屋の増加だ。若い客相手のダイニング居酒屋と、大人相手の本格派の併存といえよう。

もう一つの特筆は、東京には伊豆諸島など南の果てまで離島が連なること。走る車は品川ナンバーだ。離島は台風などでひとたび交通が途絶えれば、食料調達も病人も妊婦もすべて島内で解決する自立心があり、それゆえ独自の食材調理が発達する。また狭い島内ゆえ、むやみに反発し合うことのない協調心をもち、海を渡って人が来てくれるのがうれしく、来島者を温かくもてなす気持ちがある。私はいろんなイベントやキャンプで何度も訪ね、そのたびに島の人々と交流を重ねた。幾年か前、本格的に八丈を知ろうとながく滞在して書いた六編（『ニッポンぶらり旅　可愛いあの娘は島育ち』（集英社文庫所収））は思いのこもった内容になった。

八丈島はかつて飢饉対策で米による酒醸造は禁じられていたが、一八五三年、流罪された薩摩藩人により薩摩芋による焼酎製造が教えられ、それまで酒のなかった島人にうるおいをもたらした。八丈島には今も四つの酒造所がある。さらに南の青ヶ島で原初的製法を守る「青酎」はカビくさい香りがいわば焼酎のブルーチーズ。絶海の孤島の秘酒は特製くさやチーズにぴったり合う。

東京の名店は紹介しきれないが、ここでは江戸＝東京の気風を残す「東京らしい＝東京以外では似合わない」老舗四店と離島の一店を紹介しよう。

●東京根岸　鍵屋《かぎや》

酒屋の創業は安政三年（一八五六）、昭和初期から店の隅で飲ませ始め、戦後居酒屋になった。当時の建物は道路拡張で「江戸東京たてもの園」に移築保存され、今の店は大正時代の家。裏路地に置いた置行灯《あんどん》が白暖簾《のれん》をぼおっと照らす光景は昔の東京を思わせる。酒の燗《かん》つけも、十五～十六種の肴も戦前と全く変わらない東京の居酒屋の神髄。女性だけの入店はお断わり。

●東京湯島　シンスケ

創業大正十四年。黒格子に清潔な縄暖簾と酒《さか》ばやし（杉玉）。店内は白木造りに真っ直ぐな一枚板カウンター。湯島天神祠《ほこら》以外、飾りものは一切ないきりりとした空間は東京風の美学だ。客は近所の東大、芸大の先生から仕事早仕舞の職人まで、皆ここで酒を飲むことに誇りをもって通う。話題は相撲と落語。三代目はお燗番、四代目は包丁だ。

●東京神楽坂　伊勢藤《いせとう》

神楽坂の黒塀に囲まれた古い民家。店内真ん中の囲炉裏《いろり》に炭火が熾《おこ》り、端座の主人が黙々と燗をつける。ビールや焼酎はなく、酒は燗。座ると出てくる一汁三菜。冷房なし団扇《うちわ》あり。冬はストーブあり。声高の話は禁止。昭和十二年の創業店は戦災で焼け、今の建物は昭和二十三年だが、店は戦前と全く変わらない文化財級の居酒屋。

●東京神田　みますや

創業明治三十八年。今の建物は関東大震災後、昭和三年のもので二階建て銅貼りの看板建築は堂々たる東京の居酒屋の押し出し十分。壁に並ぶ黒札品書きは〈こはだ酢〉〈どぜう〉〈桜鍋〉など東京の正統的な肴ばかり。一〇〇年を超えた、現存する最も古い東京の居酒屋でありながら大衆居酒屋であることを通す東京居酒屋ファンの聖地。

●八丈島　梁山泊《りょうざんぱく》

周囲を太平洋に囲まれた島は魚の宝庫。小粒の青唐辛子を浸した醤油で食べるトビウオなど刺身は爽快そのものに八丈島酒に合う。春の海藻を魚くずと固めた〈ブド〉、島オクラを板摺《いたず》した〈ネリ〉。〈明日葉てんぷら〉はあくまで衣薄く、名物〈くさや〉は漬汁から出した〝新鮮〟がすばらしい。そして最後は絶品〈島寿司〉だ。交通費をかけて一泊で訪れる価値のある、東京の誇る名居酒屋。

神奈川　豊富な食材と、しゃれたハマっ子

人口920万人強は全国2位。その半数以上が県都・横浜市（375万人強）と川崎市（155万人弱）に住む。東京湾岸部で工業が盛んで、製造品出荷額等は愛知県に次ぐ2位。三浦市の三崎漁港はマグロ遠洋漁業の基地として有名。農産品ではキャベツや大根などの栽培が盛ん。

幕末に開港した横浜は、外国文化の窓口としてバタくさい町柄と、新しいものを取り入れる気風の「ハマっ子」をつくった。横浜は東京よりも新しいセンスを持っているのは自他共に認めるところで、東京の人間は横浜で大きな顔はできない。

では居酒屋はどうかというと、少ない。横浜はビール（日本のビール醸造発祥の地は横浜）、洋酒（日本のバーの始まりは横浜）が似合い、料亭、小料理、居酒屋よりは、ホテルレストラン、各国料理レストラン、世界最大の中華街を擁した国際色が特徴だ。とはいえ日本酒を飲まないわけではなく、居酒屋も焼鳥もバーもレストランも中華名店も自由自在がハマっ子の遊び方だ。日本酒の銘柄にはこだわらず、東京のように

ヤボなうんちくはしない。

居酒屋党にとっては横浜は魚がいい。東京湾入口の浦賀水道は絶好の漁場として知られ、松輪の鯖《さば》、久里浜のタコ、小柴のしゃこは東京の寿司屋で珍重されるブランド品。私のおすすめ、漁港に揚がった小いわしを指でさっと捌《さば》いて生姜《しょうが》醤油で食べる〈しこいわし〉は、足がはやく（傷みが速く）、東京までは届かずに横浜あたりが限度だ。

また気候温暖な三浦半島は三浦大根で知られて野菜がよく育ち、神奈川地野菜としてこれもブランドになりつつある。さらに三崎は町全体がまぐろ店ばかりで、東京人のまぐろ好きを呼び込む。

一大中華街があるから居酒屋に中華色があるかというとそうでなく、また各国ダイニング居酒屋が多いかというとそうでなく、それは本物があるからヘタに真似てもダメ。それよりも普通の居酒屋に徹することが横浜における存在価値という判断に思え、真の意味でインターナショナルなハマっ子らしいのではないだろうか。そう見ると、思いつき無国籍料理などで耳目を引こうとせず、「牛鍋発祥」や「元祖洋食」「名物シューマイ」などの看板を守っているのも土地の力と言えようか。

●横浜　小半《こなから》

横浜一の飲み屋街、野毛の一角。〈しこいわし〉はピチピチ、〈しこ酢黒ごま漬〉は酢〆に黒胡麻がよい仕事。季節の魚はみなすばらしく、一回だけあった〈鯛白子〉はフグ以上の絶品だった。戦後の野毛で肉体労働者に好まれた鯨料理の伝統はここに生きて、なんでもそろうのもハマらしさ。好漢主人と美人奥様に常連ファンたいへん多し。

●横須賀　銀次《ぎんじ》

ある裏通りの大きな一軒家に古い居酒屋の静謐《せいひつ》な空気がただよう。鍋に温まる湯豆腐は、そのつど鰹節《かつおぶし》を舁《か》いてのせる「日本三大居酒屋湯豆腐」の一つ。そしてここの〈しこいわし〉素裂きこそは最高。釜に煮える〈煮込み〉は香味野菜がきいてヨコスカの味か。無口な板前、白布をかぶる女性たちの静かなサービスに至福の時間が過ぎてゆく。

●鎌倉　おおはま

若宮大路を由比ヶ浜に歩いて七分ほど。明るいガラス戸を開けるとまっすぐなカウンター。品書き本日は〈〆鯖の燻製〉〈天然ぶりのユッケ風〉〈素干し桜海老入りにらのちぢみ〉などなど、読んで想像のつく品が約一〇〇品！　これほど品書き読みがわくわくする店はない。日本酒も全国最優秀銘柄、約三十種が一合・半合・お燗と自由自在だ。各店で修業を積んだ女性店主。片時も包丁を放さない真摯《しんし》な目がこれほど澄んでいる人を知らない。今私が最も心酔する、日本一の居酒屋。

●鎌倉　企久太《きくた》

人気の小町通りの裏通り、外階段を上がった二階の小ぶりの店。横須賀沖の〈生しらす〉は地元の名にかけてぴちぴち新鮮。肝醤油でいただくカワハギ、マコガレイなど時季の刺身はみな清潔な旨み。自家製〈嶺岡《みねおか》豆腐〉は白胡麻と牛乳を何時間も練り上げた逸品。酒は神奈川地酒を軸に手堅い揃え。職人肌の主人を明るく気さくな奥様が支える居心地のよさ。

●藤沢　昇《しょう》

さほど広くない二階の店は女性客も多くくつろげる。すぐ出る〈海老いっぱいおから〉は重宝し、きれいな味の〈〆鯖〉はおろしたて山葵がつんつんに香り、醬油味・塩味の選べる〈牛筋旨煮〉〈蓮根ピザ〉〈もろこし豆腐〉など千変万化の料理がすばらしい。照れ屋の主人は、今は中身が変わった藤沢の名居酒屋「久昇」にながく居て名親方に仕込まれ、その味はこの店に残った。

中部

新潟　地酒王国の居酒屋はどうなっているか

米どころとして知られ、米の産出額が全国1位。特に魚沼産コシヒカリが有名。豪雪地帯で水にも恵まれるため、酒造りも盛ん。日本酒の酒蔵数が日本一。人口215万人強。信濃川の下流域に広がる越後平野は日本海側最大で、河口付近にある県都・新潟市に80万人弱が暮らす。

新潟は名だたる地酒どころ、さぞかし居酒屋も多いであろうと思うが、それがそうでもない。ずいぶん昔から何度も行って探し、ようやく通う店もできたが、新潟は居酒屋のないところだなあが実感だ。

新潟は昔から東京に出て地道に働く人が多く、例えば銭湯と豆腐屋は新潟県人が多いそうだ。東京銀座の、ヘタな居酒屋よりよほどましな料理を出す名店蕎麦《そば》屋「泰明庵」の先代ご主人は新潟から出てきた方で、亡くなるまで故郷県人会に尽くしていたそうだ。一方、新潟の古い花柳界・古町《ふるまち》の芸者お姐《ねえ》さんから「新潟男は優しいが働かない、女は働き者で男を支える、お嫁にもらうなら新潟女よ」とも聞いた。

その、働く男は東京に出てゆく、残っているのは働かない、が地元に定着した居酒屋を生んでいないというのが私の見方だ。上越新幹線が開通すれば観光客が来て賑《にぎ》わうと思ったらさにあらず。二時間は通勤圏となり、ビジネスが終わればぐずぐず飲んでいないでさっと帰ってしまった。

店がないわけではないが、はっきり言ってしまえば、有名地酒と、近年異常に値上がりしたノドグロ（焼魚一尾三〇〇〇～四〇〇〇円もする）を出しておけば、観光客はそれでじゅうぶん。どうせ常連客になるわけではない、というあぐらをかいた商売が見える。私は東京でも高い値段で手に入る有名地酒や、高いノドグロなどは新潟では注文しない。

しかしそうしてみつけた新潟居酒屋の良さを書こう。

新潟駅前はなんの特色もない全国同じ。そこではなく信濃川にかかる名橋「萬代橋」を渡った、古町が昔の新潟らしい界隈だ。それは花柳界があったからだ。江戸期は北前船の寄港で栄え、さらに幕末の修好通商条約による開港五港（函館・横浜・長崎・神戸・新潟）として外国に開いた新潟は、夜の花柳界もおおいに発展。京都祇園、東京新橋とならぶ日本三代花街が新潟古町だ。古町芸技は格が高く日本文化使節として海外に派遣されることもあったという。夜の料亭街の敷居は高いが、昼のうちに歩いて見ておくのは社会見学になる。

アーケード天井の明るい「本町市場」は幅広い通りには野菜果物や乾物、花などの露店が並ぶ。秋は長短太細と茄子《なす》の種類が多く、新潟は茄子消費量日本一だったこともあるそうだ。

隣りに続くその名も「人情横丁」は戦後から続く小さな食品雑貨店が四十軒ほどもならび、ノドグロの風干し風景や新潟名物・車麩《くるまふ》などを見て歩くのが楽しく地元の生活感にひたれる。裏側の「阿部鮮魚店」は炭火を囲む砂に串刺し魚を立てる浜焼の良い匂いがして、遠赤外線で時間をかけて焼いた〈かれい〉〈いか〉〈銀たら〉などをその場で食べるのがおいしい。

日本一大きな離島、佐渡島は一つの大きな文化圏だ。金山をもつ島は幕府の直轄地となり、初代佐渡奉行・大久保長安は能楽師や狂言師、囃子方を連れて能楽を盛り上げ、農民にも浸透。京都の着倒れ、大阪の食い倒れと並んで、能にはまって身上をつぶす佐渡の「舞い倒れ」と言われた。今もあちこちの神社に能舞台が三十以上も現存して上演も盛んだ。酒蔵は五つもあり、その特徴は「みんな個性がちがう」のだそうだ。新潟港から船で出て、島が見えて来ると心がはずみ、帰路に新潟市に戻ると、ここでまた一杯やろうという気持ちになる。海なし県・長野に育った私は島が大好きだ。

●新潟　案山子《かかし》

阿部鮮魚店の筋向かいに昼の二時からやっているありがたい店。新潟銘酒に力を入れ「越後の三梅＝越乃寒梅・雪中梅・峰乃白梅」の一杯ずつ飲み比べも。黒板の魚は新鮮で初夏のトビウオはおすすめ。夏は名品枝豆〈茶豆〉、秋は茄子王国新潟の〈焼き茄子〉。栃尾の名品〈栃尾揚げ〉〈のっぺい汁〉は通年と、出張や新潟単身赴任族も多い。

●新潟　酒亭久本《しゆていひさもと》

おかみはお座敷にあがる現役のベテラン芸妓で、まとめあげた黒髪、「おひとつ」の酌姿はさすがに堂が入る。ベテラン板前二人の料理は地物を生かしながら座敷に出せるみごとなもの。生いわしのぬか漬〈ぬかいわし刺身〉は絶好の酒の肴。店の艶っぽい雰囲気、器も盛りつけも、お茶屋の粋を感じて飲める貴重な一軒。おかみに「太田から」とよろしく。

●新潟　古《ふる》まち　ふじ村《むら》

「柳都」とよばれた新潟・古町通りは今も艶やかな空気がただよう。「ふじ村」は上に白壁を残した黒板壁蔵に、玄関は大谷石の切石をゲートのように組み、古蔵を生かしたモダンな設計だ。同じ服でカウンターに立つのは母娘だが姉妹にみえる。〈アボカドとマグロのサラダ風〉など新感覚に、秋の名産食用菊〈かきのもと〉、秋冬限定の〈もつ煮込み〉もおいしい。

●長岡　魚仙《うおせん》

新潟居酒屋の真の実力を知るには長岡のここがいい。主人は地酒ブームによる新潟酒のマンネリを嘆き、小さな蔵を叱咤《しった》応援して「本当の昔の新潟酒」を復活。料理もすばらしく〈ブリのなめろう〉は精もコクもある「キングオブなめろう」。新潟酒をすべてそろえた毎年恒例の「酔法師《よろぼし》の会」は、全国からファンの集まる渾身《こんしん》の酒宴だ。

●上越高田　雁木亭《がんぎてい》

雁木は日本一雪深い町の歩道をつなぐ雪除けの屋根のこと。黒板には〈能生採ドロエビの塩焼・白エビの天ぷら〉〈直江津産黒梅貝のうま煮〉〈上越特産きくらげ入り蒲鉾バター焼〉など地元産がびっしり書かれ〈能生採幻魚の干物〉は日本海だけの魚ゲンゲのこと。上越名物〈する天〉はどうぞお尋ねを。覇気ある若大将、優しいお母さん、地元の常連の居心地は最高。酒は高田地酒「スキー正宗」をぜひ。

●佐渡　伊麻里《いまり》

二階にある大きな店で、入口に置く二・五メートルもある頑丈な馬橇《ばそり》は林業の島だったのを伝え、朱の角樽や重なるお膳、一升徳利の列は往時の盛業を偲《しの》ばせる。三階にはさらに古民具も飾られる。佐渡地酒「金鶴」「天の夕鶴」に、佐渡でよく獲れる〈フグ煮魚〉筒切りが合う。年配だがお若い女将さん相手の一杯はしみじみと島の空気を味わえる。

●佐渡 伝《でん》

住宅地にある大きな民家のカウンターは明るく、佐渡出身の若主人は東京の有名料理屋で十六年修業。そこにいた埼玉出身の女性と結婚し、故郷でこの店を始めた。島に来た若い美人嫁が初めての雪かきをプラスチックのちりとりでしていたら、近所の人が「そんなんじゃだめだ」とスコップを渡してくれた。〈刺身盛り〉は四種。佐渡は豊かな食文化をもつが、漁が一定しないのが悩みで、でもそこが面白いと言う。酒は佐渡地酒「真稜」。

富山　水よし、酒よし、魚よし

富山湾に面した富山平野の中央に県都・富山市が位置する。東部には3000メートル級の立山連峰がそびえる。県全域が豪雪地帯。「天然の生簀《いけす》」富山湾で獲《と》れる寒ブリやホタルイカ、シロエビが有名。一住宅あたり延面積、耕地面積に占める水田率が日本一。人口100万人強。

富山不滅のキャッチフレーズは「水よし、酒よし、魚よし」。では居酒屋天国かと言えば、そうだ。

筆頭の「水」は富山の背骨・立山連峰の伏流水で、深い積雪は地中深く濾過《ろか》され黒部峡谷から富山湾へそそぐ。富山市内を流れる松川両岸にはいくつもの湧水取水施設があり、ペットボトル持参の人が絶えない。市内の居酒屋「親爺」で「はい、富山の水道水」と言って水を出すのは富山の良水自慢だ。水が良ければ酒もよくなる。富山地酒の第一印象は「水がうまい」だ。

水は魚も良くする。屏風《びょうぶ》のような立山連峰の断崖から海中深い富山湾に流れ込む冷たい伏流水は、湾の底まで沈むため海流の撹拌《かくはん》がおきて魚の身を引き締める。日本海の魚およそ八〇〇種のうち五〇〇種もが水揚げされる富山の魚がうまいのはこのためだ。

魚は刺身だけではない。富山は北前船の運ぶ昆布を使った「昆布〆王国」で、魚だけでなく山菜野菜なども昆布で〆、スーパーにはあらゆる種類の昆布〆がパックのお惣菜として売られる。鯛や平目の白身は上品な「殿様に出せる昆布〆」。地元で王者とされるのはかじきまぐろの吻《ふん》〈サス〉で、もっちりした赤身はすっきりした富山酒にぴったりだ。そのうえ富山にはここにしかない〈ホタルイカ〉という必殺武器がある。近年は生刺身も食べられるようになり、ううたまらん。

さらに飲み過ぎには、富山駅前に立つ銅像「富山のくすりやさん」の伝統薬があり、その一つ、黒い小粒の「反魂丹《はんごんたん》」は本当によく効いて、私の旅カバンの常備品になっている。

水も酒も魚も、その後の飲み過ぎ薬も完備した富山は、よってもって居酒屋天国なのである。

富山市は「路面電車の町・富山」としてモダンな電車（トラム）が走り、それに乗って北前船の一大寄港地であった岩瀬港を訪ねるのを勧めたい。往年の廻船問屋などを再現した美しい町並みは、富山酒のリーダー「満寿泉」の尽力によるもので、蕎麦《そば》屋「丹生庵《にうあん》」では〈どれでも一杯二〇〇円〉で満寿泉いろいろを自由に楽しめた。そこの蕎麦打ち職人が「蕎麦をうまくするのは水です」としみじみ言っていた。

富山の居酒屋の居心地の良さは、こつこつ勉強して、まじめに働き、はやいうちに両親ともに住める世代一軒家を建てて一家を安定させるという堅実な県民性にある。家族を大切に、無闇な欲はかかない人柄は客商売にもくっきり表れて、人が人を信用して飲むことの良さを味わえる。水、酒、魚に、人を加えよう。

●富山　親爺《おやじ》

駅近くに店を構えて六十年。富山の魚は自由自在。全身を厚い外套膜《がいとうまく》に包んだ深海の珍魚〈げんげ汁〉は当店だけの人気の品。昆布〆もつねに揃《そろ》い、春先の〈生ホタルイカ〉のしなやかな色気に悩殺。特製大ちろりで注がれるお燗《かん》コップ酒は塩辛声の主人、おにぎり絶品の美人奥さん、覇気ある板前息子の家族の温かさが酒を一層うまくする。

●富山　あら川《かわ》／米清《こめせい》あら川《かわ》

「あら川」は大勢でも入れる古い店。裏の「米清あら川」はカウンターの主人と話しながらじっくりやれる酒亭。主人は魚王国ゆえに捨てられていた胆や皮などに注目し、みごとな珍味に仕上げた。〈ホタルイカの味噌の塩辛〉は生ホタルイカの微量の味噌を丹念に集めて煮詰めた涙の出るような逸品。豊富な昆布を使う〈牡蠣《かき》の昆布焼〉がまたすばらしい。

●富山　魚処《さかなどころ》やつはし

当店看板は「四方浜《よかた》キトキト魚直送」。ガラスケースの魚は四方浜の船から揚がったものばかりがキトキト（生きとう生きとう）だ。経木の品書きから魚を選び、刺身よし、焼いてよし、煮てよし。さらに春の〈ホタルイカしゃぶしゃぶ〉、冬の王者の〈ブリしゃぶしゃぶ〉は、魚が新鮮なればこそのおいしい食べ方。酒がすすんでこまります。

●富山　囲炉裏《いろり》　醸家《じょうや》

店の外回りは黒格子の武家風。料理はみな工夫され〈真タラ白子松前焼〉は昆布王国富山ならでは。目を引くのは〈しかわさ〉〈自家製ししジャーキー〉などの獣類。五箇山産〈くまの子鍋〉はさっぱりしたきれいな脂が富山地酒に合う。熊鍋のファンは多く、ここは親戚に熊撃ちがいて調達できるそうだ。若く落ち着いた店主の言う「山の産物には山の蔵の酒が合い、海のものには海の蔵」は至言。油揚に葱《ねぎ》味噌を入れて焼いた〈ねぎ味噌袋〉でさらに酒がすすむ。

●魚津　ねんじり亭

注文は迷わず〈本日の刺身盛り〉。例えばある日は〈黒ムツ・カワハギ・メダイ・車ダイ・キジエビ・シロエビ・ホウボウ〉の七種が丸鉢に二切れずつ。これでじっくりやった後は、焼くか煮るかを主人と相談して魚を選んで第二ラウンドだ。駅の石碑「長生きしたけりゃ魚津においで、うまい空気に水がある」に「うまい魚に酒もある」と加えよう。

石川　加賀百万石は居酒屋といえども艶っぽい

人口110万人強のうち半数近くの45万人弱が暮らす県都・金沢市には、加賀藩時代から続く古い町並みが残る。金時草《きんじそう》、源助《げんすけ》だいこんなどの伝統野菜が「加賀野菜」として認定されている。日本海に突き出た能登半島には、イカや鰯《いわし》などでつくる魚醤《ぎょしょう》「いしり」「いしる」がある。

「北陸の小京都、金沢」「通人は京都を避けて金沢で遊ぶ」と言う。ひがし茶屋街、主計《かずえ》町《まち》茶屋街はもとより、高級料亭もあまたあると聞くが私は入ったことがなく、居酒屋レベルで話を進めよう。

土地の産物を知るには市場が一番だ。金沢市の中心にある近江町市場は、さっきまで居た所に戻れず迷うくらいたいへん大きく、海産物、加賀野菜、それらの加工品、お惣菜など、よくこれだけの食材があるものだと感心してしまう。冬はカニの饗宴《きょうえん》で立派な越前ガニは何万円もするが、箱入りの大きなカニ一杯を熱心に品定めして買うおばさんがちゃんといるのは、ぜいたくと言うか食レベルの高さがわかる。「沖津食品」

で買った冬の寒ブリの〈かぶら寿司〉の洗練豪華は忘れられない。

市場の楽しみはひとくち立ち食い。「島田水産」の美人お姉さんがすすめる殻つき〈特上ウニ〉五〇〇円は必殺。鰻《うなぎ》専門店「みやむら」の〈どじょう蒲焼〉一串一〇〇円はおすすめ。場内には「近江町食堂」はじめカウンター寿司など軽食堂もたくさんある。ともかくここはじっくり時間をとり、土産の品定めをして早めに宅急便で家に送ってしまおう。帰ってまた楽しめるという寸法だ。

日本の飲み屋は焼鳥屋の多い町とおでん屋の多い町の二通りあり、金沢は後者だ。おでん屋の数は東京・大阪に次いで三番目というが人口比では一番だろう。戦前からの老舗「菊一」「赤玉」にならぶ「高砂」は昭和十一年の創業。金沢おでんは関東と関西の中間、つまり出汁《だし》は関西の〈牛スジ〉が欠かせないが、おつゆは関西のようにぐらぐら煮立たせず、静かに温める関東型だ。生姜《しょうが》味噌で食べる〈牛スジ〉は誰もが注文する名物。

特徴は地元産の種にあり、白身魚のすり身を蒸《ふか》した〈ふかし〉は金沢だけのはんぺんで柔らかくおいしい。殻ごと煮た〈ばい貝〉の抜き出した身は〝殻より〟大きく、尻尾の黒い胆は酒に合う。越前カニの雌・香箱蟹を丸ごと一杯剝《む》いて甲羅に詰めなおし、注文を受けて煮る〈かに面〉は〈カニ身・内子・外子・みそ〉のすべてを味わえ、最後に空いた殻に熱燗《あつかん》を注ぐ〈カニ酒〉が最高だ。

金沢は旧制四校以来の学生を大切にする県民性があり、学生が酒を飲むことに寛大なのも私が金沢を好きな理由だ。安くて腹にたまるおでん屋が多いのはそれゆえと聞いた。またおでんは金沢を愛するあまたの文人、たとえば五木寛之、村松友視、嵐山光三郎などの諸先生がお座敷を離れて独酌する絵になる（私もあこがれてます）。

加賀百万石の文化は工芸品のような加賀料理を生み、三つある茶屋街は格式も芸も高い。その流れか、庶民でも金沢は「夜に出かけて飲食する」文化があり、家族でも、夫婦でも、怪しい仲でも、一人でも、小ぎれいに身なりを整えて夜の町に出て行く。お座敷に向かう芸者さんとすれちがえば華やぎも生まれる。その行く先には居酒屋もあり、どの店もどことなく艶っぽい雰囲気があるのはさすがと言えよう。

しかし石川の魅力は金沢だけでは語れない、日本海にまっすぐ伸びる能登半島にこそ、石川の風土、産物、人情がある。私は何度も訪ねて豊かな魚介の郷土料理を味わい、「能登はやさしや土までも」、「能登のとと楽＝女がよく働くので父ちゃんはラク」或いは「いちがいもん＝強情っ張り」という言葉を知り、本当の石川の県民性は加賀百万石の栄華よりもこちらにあると思うようになった。ぜひ訪ねてほしい。

●金沢　浜長《はまちょう》

庭石を踏んで入る高級割烹の構え。横一本に長い黒カウンターがお目当てだ。小黒板には造り、蒸物、焼物、酢物などに分けて魚や珍味がびっしり並び、意欲がわいてくる。精緻《せいち》な工芸品のような加賀料理の〈お通し三点盛り〉をはじめ、何を頼んでも満足だ。「承知！」が口癖の主人の活気、おいしいものを食べに来たぞという客の華やぎが金沢らしい。

●金沢　猩猩《しょうじょう》

繁華街・香林坊から下がった横道に沿う流れの小橋を渡って入る風情がいい。小さな店に黒トレーナー、酒屋前掛けの主人が銘酒と金沢料理を用意する。冬場は〈がすえび〉〈がた海老〉など様々な活き海老が狙い目だ。どこにもない〈さわらのヅケ〉は〈鰆〉ではなく〈かじき〉。地野菜〈金時草《きんじそう》おひたし〉〈汐風ごぼう〉も。金沢の夜に似合う一軒。

●金沢　大関《おおぜき》

木倉町に貴重な古い名大衆居酒屋あり。注文を受けて捌《さば》く〈川魚の洗い〉、加賀料理〈治部煮〉も気軽に味わえ、名物〈出汁《だし》巻〉は二人前はある大きさ。気さくなおかみさんを中心にした家族経営が温かく、独り者も家族連れも、きれいなお姐《ねえ》さん連れも並んで飲んでいるよい店。創業先代は一〇〇歳を過ぎても店に座り、金沢人の尊敬を一身に集めていた。

●金沢　源左エ門《げんざえもん》

木倉町の中ほどに表札代わりのように「全国地酒」。長い一本カウンター上の横一本丸太、よしず張り天井の斜め丸太梁《まるたばり》など豪快な造りは金沢では異色か。〈ぬたあえ〉〈酢の物〉は各種から選べるのがうれしい。冬の二ヶ月しか出ない〈香箱がに〉は超高級だが、ここの雌は手ごろ値段でじゅうぶん楽しめる。他店修業を終えて店を継いだ若主人を両親が優しく見守る居心地のよさ。金沢で貴重な気軽で質の高い一軒。

●輪島　山海《さんかい》

店中に品書きが貼られた気楽な居酒屋。能登は海女漁が盛んで、夏に潜って貝を獲る。すこし奮発して注文した〈アワビ〉は、いま開いた肝を味噌少しと酢で和えた〈みそ和え〉で食べる大逸品。能登はまた魚のぬか漬けをよく作り、〈ぬかかわはぎ〉はせんべい状に乾いたのを炙って出す酒飲み泣かせ。大好きな名酒「奥能登の白菊」を輪島塗の盃で。

●輪島　連《れん》

主人自ら船を出す能登の魚は新鮮そのもの。名品〈しまえび〉はいただいた後に頭を炙ってくれ二度楽しめる。姿美しい〈メバル〉焼きの旨さも新鮮なればこそ。〈さざえのいしる漬〉は生貝より美味。常連さん用の輪島塗の蒔絵盃は一万円以上もする名品という。孫に目がない主人夫婦と息子夫婦の家族の温かさ。家庭の店らしく六種もある〈釜めし〉は最後に必食だ。

●輪島　どんぶらこ

見事に頭を剃り上げた主人は金沢や東京でながく修業し、地産品を巧みな料理に仕上げる。魚はもちろん〈のと牡蠣バターしょうゆ焼〉〈めぎす丸干し〉の仕事のみごとさ。漁村のおばあちゃんに作ってもらっているという、真冬の日本海の海藻二種を平たく重ねて干した〈かすかもとはまなの炙り〉は緑美しく香りがすばらしい。〈さんまの炙り棒寿司〉は人気の品。地酒はいくつも揃い、名杜氏・農口尚彦研究所の夏酒は神聖な旨さ。腕におぼえをもちながら気さくな主人相手に毎日でも通いたい名店。

福井　油揚と里芋、たのしみは……

北部の越前地方と南部の若狭地方に大別されるが、どちらも日本海側の豪雪地帯に属する。人口は75万人強。鯖《さば》江《え》市などで生産されるメガネのフレームは、全国生産の90％超を占める。鯖を塩と糠《ぬか》で漬けた郷土料理「へしこ」が有名。県の魚は越前ガニ。コシヒカリは福井生まれ。

北陸三県の味較《くら》べ。魚のおいしい富山は〈昆布〆〉王国。食材豊富な石川は工芸品のごとき〈加賀料理〉。さて福井を代表すると言えば〈油揚〉と〈里芋〉だ。
地味と言うなかれ、あなたは好きなはずだ。福井は油揚消費量日本一。名代の「谷口屋」をはじめ、スーパーにはじつに様々な油揚がならぶ。東京や関西の薄揚とはちがい厚さは四センチ。「それは厚揚でしょう」と言うと、断固「ちがう」と除けられる。確かに東京の厚揚を切った中は白い豆腐だが、こちらのは中までちゃんと海綿状の正調油揚だ。これは曹洞宗の大本山「永平寺」に修行する僧たちの精進料理の大切なスタミナ源として発達したものだ。また越前大野の秋の里芋は名高い。この二つは福井のソウルフードだ。

さらに、辛み大根の〈おろし蕎麦《そば》〉、〈ソースかつ丼〉も有名で地元でもよく食べられている。地味なものばかりではない、あの越前カニがあるではないかと言いたいが、これは一杯ごとにタグのつく超高級品。かわりに雌のセイコカニは安いから、こちらを丁寧にいただこう。

福井市内の繁華街は片町で、夜はきれいなお姐《ねえ》さんも歩いている。よいバーもある。しかしバカ騒ぎする空気はない。県民性も地味と言われるが、私は何度か訪ねて福井の良さを知った。

幕末の福井藩主・松平春嶽《しゅんがく》が明治になって「養浩館」と名づけた「御泉水屋敷《おせんすいやしき》」は、各地で見た藩主別邸のなかで、最も好ましく洗練されていた。福井の生んだ江戸末期の歌人・橘曙覧《たちばなのあけみ》（一八一一〜一八六八）の近代的感性は最近とみに高く評価され、「福井市橘曙覧記念文学館」に入り、すべて「たのしみは……」で始まる名高い五十二首『独楽吟《どくらくぎん》』を読んで福井人を知った。そのうちの二首。

・たのしみはとぼしきままに人集め酒飲め物を食へといふ時

・たのしみは門売り《かどう》ありく魚買ひて烹《に》る鍋の香を鼻に嗅ぐ時

どことなく福井県人の酒の飲み方がしのばれる。

●三国　魚志楼《うおしろう》

三国港はかつて北前船で栄えたが今は役目を終え、静かに古寂《ふるさ》びた町がいい。明治時代から続く芸者置屋を料亭にしたここは、一人二人なら広い玄関土間に設けたカウンターがいい。肴《さかな》は黒板から選んでも適当にまかせてもＯＫ。座敷が空いていれば見学もでき往時の豪壮がしのべる。若い二人も、夫婦熟年旅も、心が近づき合う旅に最適だ。

山梨　甲府にある理想の旅酒場

人口約80万人。県都・甲府市がある甲府盆地を中心に四方を山に囲まれた内陸県。富士山や南アルプスからの湧水に恵まれ、ミネラルウォーター出荷額が全国1位。ブドウやモモの収穫量が日本一。ワイン生産が盛んで「甲州ワイン」と呼ばれる日本ワインの生産量が全国1位。

中部日本の、山梨（甲斐）、長野（信濃）、岐阜（飛騨）は海無し県で共通するが、県民性は異なるのは、それぞれが高い山で囲まれた独立閉鎖性ゆえだろう。長野県松本が故郷の私は電車でも車でも東京との往復は日常のことだが、山梨で降りてみようと思ったことは一度もなかった。登山好きになった後年、八ヶ岳は夏も冬も何度も登ったが、それは信州の北アルプスやさらに富山の剣岳よりも手軽に新宿から日帰りできるゆえだった。

知られるのは武田信玄と甲州商人とぶどうと、太いうどん〈ほうとう〉。無尽（仲間でお金を貯め助け合う「講」）が盛んな地とも知ったが、閉鎖的な地で暮らす知恵かも知れない。

私の山梨との最初の縁は、もう三十年以上も前にやったテレビ番組で、今はよくある「名物つくり」企画を手伝ったときだ。小淵沢にある小さな弁当屋「丸政《まるまさ》」に名物駅弁を作って全国に紹介するもの。デザイナーの私はパッケージをまかされて大いにはりきり、ネーミングをコピーライター岩永嘉弘氏、包み紙のイラストを故・安西水丸氏、さらに題字は黒澤明の映画タイトルでも知られる書の大家、日本芸術院賞の故・今井凌雪氏を奈良のお宅まで訪ねて揮毫《きごう》していただいた。そうしてできた駅弁「元気甲斐」は大ヒットして今もロングセラー。そのとき小淵沢駅から見えるように作った割箸型の大看板は今も残してくれているので、ぜひご覧ください。私事ながら作ったものは守る甲州商人の一端かと。

それだけの印象くらいだった山梨県の甲府にあるとき出かけ、駅から少し離れた繁華街の細路地奥の、居酒屋「くさ笛」に入った。カウンターに立つ白割烹着のおかみさんは七十歳をとうに超えて見るからに若々しく、秘訣は時季には毎日入る山と笑った。春の山菜、秋のキノコと、秘境・瑞牆山《みずがきやま》の奥深く分け入り、雨ならカッパで行く。山椒《さんしょう》の若芽の葉を醤油で煮て保存し、叩いて豆腐にのせた〈山椒豆腐〉。ヨブスマソウ、ヤブレガサ、ハリギリ、イケマなどの山菜は見た目には同じに見えるが、天ぷらにするとみな味がちがう。秋の山採り〈はなびら茸〉のバター炒めはキノコの味が濃厚だ。

居酒屋のあまりない町に昭和三十九年に開店して五十年。市の要職にある人や、故郷を再訪した人になくてはならない店になった。店名「くさ笛」は、若いころおかみさんが好きだった島崎藤村の詩「千曲川旅情の歌」からつけたという。この詩は藤村が隣りの信州小諸に住んだとき作った。その一節、

暮れ行けば浅間も見えず　歌哀し佐久の草笛
千曲川いざよふ波の　岸近き宿にのぼりつ
濁《にご》り酒濁れる飲みて　草枕しばし慰む

島崎藤村の生地、信州木曽馬籠で少年時代を過ごした私は初めて山梨との地縁を感じ、詩の好きなおかみに旅情をおぼえ山梨県が身近になった。一軒の居酒屋が土地の県民性を印象づけることがある。その代表的な店。ここで濁り酒を飲んでみたい。

●甲府　くさ笛《ぶえ》

山梨の地酒「七賢」「春鶯囀《しゅんのうてん》」あたりをお燗《かん》しておかみにも一杯。おかみさんは毎日、

日本酒を欠かさず「これも健康の秘訣」と笑う。東京から信州に登山した帰りの中央線で途中下車、でかいリュックを店の外に置いて飲んでゆく山男も多いという。小さく流れる歌謡曲がたまらない。旅の酒場に、地酒と地の肴《さかな》と白割烹着と歌謡曲は最強の旅情だ。

長野　理屈っぽい信州人の居酒屋は

山脈に囲まれ、山の合間に点在する盆地などに人口約200万人が暮らす。高原野菜などの生産が盛んで、レタス、セロリのほか、くるみなどの生産量が日本一。「信州味噌」として知られる長野県内産の味噌が、全国の生産量の5割近くを占める。日本一の長寿県としても有名。

県民性の本に必ず特筆されているのは、長野県人は全員が県歌「信濃の国」をすらすら歌えることだ。

信濃の国は十州に　境連ぬる国にして
聳《そび》ゆる山はいや高く　流るる川はいや遠し
松本伊那佐久善光寺　四つの平は肥沃《ひよく》の地
海こそなけれ物さわに　万《よろ》ず足らわぬ事ぞなき

私は長野県の出身で、この一番の歌詞も何も見ないで書けた。もちろん歌える。

「信濃の国」は明治三十二年（一八九九）長野師範学校教諭の浅井烈《きよし》が作詞、翌年同校教諭・北村季春《すえはる》が作曲してできた。師範学校の先生が作り、同校卒業生の赴任学校で歌われて県下に広まったところが長野県らしい。すなわち「教育県長野」である。意外にも県歌に指定されたのは、作曲後六十八年も過ぎた戦後の昭和四十三年（一九六八）で、県章などを制定するとき同時にだったことだ。つまり県歌として作られたのではなく、県人にながく歌い継がれて来た歌を県の歌に決めた。これぞ本物の県歌であろう。

これゆえか長野県の宴会や集会は最後に歌を歌う風習がある。学校教師だった私の父は自宅に独身の先生たちを招き、母の手料理で一杯やって、ロシア民謡や叙情歌を歌っていた。私の高校母校も卒業生の飲み会や同窓会の最後は必ず立ち上がって記念歌や校歌の斉唱だ。在校中のコンパなどもそうで、その頃から皆で歌うのは普通であり、それは麗《うるわ》しいことと思っている。

六番まである「信濃の国」歌詞は郷土の山川や偉人をただ連ねただけの単純なものだが、元気勇壮な曲調が四番に至って一転、叙情調に変わり、それをアクセントに五番から再び勇壮に戻る工夫がある。終章六番も書いておこう。

吾妻《あずま》はやとし日本武《やまとたけ》　嘆き給いし碓氷山《うすいやま》

穿《うが》つ隧道《トンネル》二十六　夢にもこゆる汽車の道
　みち一節に学びなば　昔の人にや劣るべき
　古来山河の秀でたる　国は偉人のある習い

——みち一節に学びなば、が、らしいと言えよう。

　長野県人は初対面の相手の学歴を知りたがるが、私は東京に出てきて、東京の人は相手の家系（○○の息子とか、親戚に△△がいるとか、元華族とか）、つまり毛並みを知りたがると知った。学歴でも、有名私立校、例えば慶応とか学習院とか聖心出身であるとわかると、必ず「下から？」と問い返す。大学からか、小学校（幼稚舎、初等科）からか、さらに付属幼稚園からかで毛並みが違う。長野県ではそういう話はまるで出なく（一貫私立校はない）、「親が○○」などと口に出せば、そういうことを自慢するのか、自分の力はないのかと逆に軽蔑された。しかし東京は努力して得た地位や評価よりも、もともとの血筋が良いことの方が上位にあると知ったのだ。

　話は一転、では教育県長野の居酒屋はどうか。

　お堅い長野県は風俗営業やパチンコ店などはない。居酒屋らしいものがあるのは松本だけだが、それもたいした店はなかった。その理由は、貧しい長野県は粗食をむねとし、美食はよくないこととされ、外食を楽しんでおいしいものを味わう習慣はなかったからだ。酒の肴《さかな》は野沢菜と議論。互いに屁理屈繰りだして、えんえんと自説を展開する様は他県の人に「喧嘩しながら飲んでいる」と驚かれるが、最後に「信濃の国」を全員で歌う様子には恐怖をおぼえさせる。商売人は威張っていて、お愛想の「ありがとうございます」が言えなく、「それはちがう」などと客に言うから飲食業は発展しなかった。

それゆえ十年以上前、私が日本全県のおすすめ居酒屋を網羅した『太田和彦の居酒屋味酒覧《みしゅらん》』（新潮社・第一版／四年ごとに改訂して現在第四版）を書いているとき、肝心の著者ご当地に紹介できる店がなく苦慮した。

その松本の居酒屋はここ十年ほどで格段に進歩した。同書に最初に載せた「きく蔵」もめざましく良くなった。その遠因は一九九二年、松本に始まった「サイトウ・キネン・フェスティバル・松本」にあると私は見ている。定期的に行われる国際音楽祭は多くの県外客を呼び、そうなれば酒を飲む場所が必要になり、松本の居酒屋も田舎商売では中央の客を満足させられなくなる。松本の居酒屋には小澤征爾氏の色紙や、打ち上げで乾杯する楽団員の写真がたくさん飾られる。さらに芸術監督・串田和美氏による演劇を中心とした「まつもと市民芸術館」、故・中村勘三郎丈を座長とする「信州・まつもと大歌舞伎」など、松本はすっかり文化の町になり、そうなれば、いつまでも屁理屈田舎者ではいられないと市民意識も変わった。

また松本の風光、本来ある食材の良さに気づいた若い料理人が、東京から、あるいは修業先のイタリアから帰って自分の店を松本に開き、今までなかったそういう本格店に、松本の人は「待ってました」と飛びついた。松本はいまイタリアンの店がいっぱいだ。

さらにバーなど全くなかった松本に、地元出身で中央にバー修業に出て、バーテンダー協会の日本代表としてロンドンの世界大会にも出場した林幸一さんが始めた本格バー「メインバー・コート」は、音楽祭に来た楽団員たちもレベルを絶賛して常連となり、今や日本有数のバーになった。居酒屋も手をこまねいていられない。つまり松本とて需要はあったのに、店だけが何も知らない井の中の蛙でいたのを「文化」が目覚めさせた、松本の居酒屋は外からの黒船で文明開化した。その効果か、松本は清潔な山岳都市として欧米人旅行者がたいへん多くなり、英語の通じる店も多い。

「名居酒屋は文化ある地に生まれる。あるいは良い居酒屋は文化を生む」を標榜《ひょうぼう》する私は実証された気持ちだ。遠慮のいらない故郷蔑視で「ロクな店はない」とこきおろしていたが、今は「よい店ができている」と豹変《ひょうへん》、それがうれしくてたまらない。ということで五軒紹介しよう。

●松本　きく蔵《ぞう》

大正ロマンの残る上土通りに、白壁に三階菱の紋を浮かせた外観は蔵と民芸の町にふさわしい。山国松本も今は北陸の鮮魚が入り蟹も並ぶが、春の山菜、秋のきのこはやはり地元ならではの本物の味を楽しめる。松本でよく食べる〈馬刺〉は脂の少ない最上級赤身だ。気さくなご夫婦の松本言葉も心なごむ。ご主人は絵を描く方。

●松本　よしかわ

若主人は東京で料理修業して地元に帰り、松本にはなかった本格カウンター割烹を開いた。〈嶺岡《みねおか》豆腐〉〈穴子胆煮〉〈鶏射込み〉など料理はみな本格で、地元らしい〈わらび鍋〉はわらびの粘りがおいしい。小さな店で目の前の包丁使いを見ながら、じっくり料理と酒を楽しめる店は待望されていた。酒担当の美人奥様は松本の方です。

●松本　あや菜《な》

「よしかわ」の筋向かい。母娘で家庭料理をうたうが、娘さんの料理は本格で〈信州ジビエ／上質な赤身肉使用　鹿肉のタタキ〉は、手書き英文メニューもあって欧州からの観光客にも大好評だ。一方、私が信州一の酒の肴と推す〈塩いか〉は母の絶妙な塩加減が決めて。松本の各店で競いあう新名物〈鶏の山賊焼〉は力作で、若者ならぺろり、中高年は一人前を二人で丁度。

●松本　満《まん》まる

通りから一筋入った小さな玄関から入るカウンターは一目でわかる洗練された雰囲気。品書きは、流通による鮮魚に山国信州の薬味素材が施され〈カツオ叩き〉は葱、〈ブリの辛み大根かけ〉は辛み大根山盛り、〈松茸と菊花と筋子のお浸し〉は色あざやかに魚をもり立てる。下駄音を鳴らすネクタイに白衣の主人は「きく蔵」でながく修業し、全国、とくに京都に通って腕を磨き、松本屈指の名割烹に仕上げた。

●松本　深酒《ふかざけ》

松本飲み屋街の中心・縄手通りに若夫婦が開店。料理はあくまでも酒の肴を意識。〈鮪のたたきといぶりがっこのわさび和え〉は意外な組み合わせを松本特産の山葵でまとめた妙、〈ゴーダチーズの味噌漬けとカマンベールの燻製〉は日本酒にぴたり。今トップレベルにある信州地酒各種への力入れ、さらに全国名酒の酒揃いはすばらしい。わが松本に最上の名酒居酒屋が誕生した。

岐阜　飛騨高山の晩酌文化

南部の美濃地方と北部の飛騨地方からなる。飛騨地方には標高3000メートルを超える山々が連なり、冬には大雪が降る。陶磁器の「美濃焼」や、「飛騨牛」などが知られる。長良川などで獲《と》れる鮎《あゆ》も名物。人口195万人強。県都・岐阜市は南部にあり、約40万人が暮らす。

岐阜県は南の「美濃」、北の「飛騨」に大別され、私は美濃の岐阜市は行ったことがないが、飛騨高山は何度か訪ねた。

伊勢湾に注ぐ木曽川の支流・飛騨川の源流に向けて沿い上る高山本線は、美濃の平野から山間部に入り、深い峡谷を見下ろしたり、トンネルをくぐったりするが、なかなか高山まで着かない。ようやく降りた飛騨高山の町は「人里離れた」がぴったりで、別の国に来た気がした。

そしてそこは別の国だった。南から北へ市内を縦貫する宮川にかかるいくつもの橋は小京都の風情ながら、四囲を囲む山並みの圧力が雰囲気を密度濃くする。朱塗りの

「中橋」かいわいは幕府直轄地であった「高山陣屋」に近い。石畳道をはさんでどこまでも続く千本格子の古い家並みの、石畳道両側の用水の流れは清らかで、どの家も玄関に花を置き、また朝顔のつるを二階格子まで伸ばす。町中には春秋の高山祭の山《だ》車《し》倉があちこちに建ち、戦禍に遭っていない古い洋館ビルもアクセントだ。古美術、古道具の店が多く、古い盃《さかずき》や徳利《とくり》を集める私は目移りして困る。ある店の旦那の「高山の人は物を捨てない。だから、がらくたも含めこれだけある」という言葉に、物流の少ない山国の生活意識を感じた。

　駅で町で、すぐ気づくのは欧米、とくにヨーロッパからの観光客の多いこと。それは言葉でわかるが、案内所には欧米主要国、中東、アジアなど十数カ国のガイド地図が置かれている。しかし中国系の爆買い客をほとんど見かけないのは、爆買いするような品は何もないからだ。高山にはデパートやコンビニ、ショッピングセンターのようなものはない。

　欧米の観光客は大きなリュックを背負ったバックパッカーから落ち着いた中高年夫婦まで、この町にながく滞在し、買物はせず居酒屋に入り、その後の静かな夜の町の散策を楽しむ。市内には欧米客を意識したカフェやレストランは多く英語メニューは当たり前だ。高山は団体観光客が帰った夜からに本当の良さがある。一方朝は、宮川沿い、高山陣屋前と二カ所で開く朝市を興味津々に散策する欧米人が多い。

これは、ながく山に閉ざされ、自分たちで守り住むしかなかった地が次第に形作ってきた文化の結果で、朝廷や寺が作った奈良・京都とはちがう日本の生活庶民の原風景として、深い日本を知りたい欧米人を引きつけているのではないか。日本中を旅しているが、ヨーロッパの観光客が多いのは高山と松本だ。彼らはあまりお金をおとさないがながく滞在して、町の居心地を味わっている。

ではその町の居酒屋はいかがか。飛騨は飛騨牛と朴葉《ほうば》味噌くらいで、そう旨いものはないのだが、夜、家にいてもつまらないので、三々五々居酒屋に来て、一杯やりながら話を交わす〝晩酌文化〟というものがあると聞いたときは、なるほど夜は静かな山深い地にふさわしいと思った。地元の若い女性が「そこは男の聖域で、私もあこがれる」と言っていたのが印象深かった。

●飛騨高山　樽平《たるへい》

開店五十年を過ぎた老舗。木の国らしくがっちりした木組みの屋敷の丸竹の壁は飴色、天井の葦簀《よしず》も五十年の艶、小上がりは酒仕込大樽の酒蓋《さかぶた》を漆塗りして壁にはめた。厚いカウンターに立つのは母娘。〈ぜんまい煮〉〈こも豆腐〉〈焼き茄子《なす》〉〈飛騨牛串焼き〉などで地酒を一杯。岡持ちのような台から選んだ盃で、じっくり飛騨高山の「夜気」を味わおう。

●飛騨高山　本郷《ほんごう》

白い超モダンな小ドアは会員制倶楽部のようだが、中は大きな古民家を改造。手前の部屋を抜けた奥が庭に面したカウンターだ。唎酒師《ききさけし》&ソムリエの資格をもつ女性店長を中心に若々しいスタッフがきびきび働く。焼魚、パスタなど和洋料理。人気はコロッケ…

コットに熱々の〈飛騨牛すじ肉のやわらか煮込み〉。それを地酒「深山菊」でもワインでも。

●飛騨高山　あじ平《へい》

外は一見平凡だが店内は先代が蒐集《しゅうしゅう》した「広告美人画」で埋まり、圧巻は往年の女優を使った宣伝団扇《うちわ》。広告美人画は私の資生堂デザイナー時代の仕事でもあった。ガラスケースには富山湾の鮮魚がずらり。この地だけの料理〈けいちゃん〉は味噌に漬け込んだ鶏肉の鉄板焼き。優しいお母さんとイケメン息子のほのぼのした感じが温かい。

●飛驒高山　あんらく亭

小さな白のれんから明かりが洩《も》れる。履物を脱いで座るカウンターは「ゆっくりやってください」という狙い。秋の珍しいキノコ〈老茸《くろかわ》焼き〉で、地酒「天領」のお燗《かん》を一杯。江戸末期創業の名割烹「角正《かくしょう》」で修業した主人は、論文も書く縄文期石器の研究者の顔も持つ。飛驒を訪ねる文化人や気鋭の人もやってくる、まさに晩酌文化の店。

静岡　居酒屋最適の県民性

お茶どころとして知られ、全国の4割弱のお茶が静岡で生産されている。カツオやキハダマグロの漁獲量が全国1位で、焼津が水揚げ港として有名。人口約360万人。県都・静岡市に70万人弱、浜松市に約80万人が住む。浜松市周辺では、楽器やオートバイなどの製造業が盛ん。

東西に長く気候温暖な静岡県は、目の前には黒潮にのってカツオ、マグロがつねに泳ぎ、駿河湾でしか獲《と》れない桜海老、川には鮎《あゆ》も鰻《うなぎ》も、生簀《いけす》はすっぽん養殖、刺身に欠かせない山葵《わさび》は本場、畑は野菜豊富、山はみかん、静岡地酒は豪華な殿様型、食べ過ぎの消化を助けるのはとろろ汁、その後のお茶は日本一、お茶請けに安倍川餅もあり、振り返ればつねに富士山が。

結構な所ですな。

東海道の真ん中は往来する人が絶えず、品物は並べておけば勝手に売れる。何もしないでもやっていけるので何もしない。よって、人は良いが粘りがなく、何か決める集まりを開いてもすぐに「疲れちゃうから止めようよ」と酒に早変わり。出世意欲はゼロで遊びは熱心。そうして毎晩宴会。

これが静岡県人と言われるが全くその通り。私の知る静岡出身者も皆そうで、仕事の大事な場面には使わないようにした。県民性の本でも「気候温暖で自然に恵まれているため、根性がない、忍耐心がない、すぐ人に頼る」「優柔不断、どっちつかずで、長いものには巻かれろ」と適確(?)。隣りのキビシイ山国の信州人(私です)に「シャンとせんか、喝!」と叱られそうだ。

地域は東から伊豆、駿河、遠州に分けられ、「食べるに困ったら」というひとくち話は「伊豆の人はそのまま飢え死にする」「駿河の人は乞食をする」「遠州の人は泥棒する」。——「信州の人は学問を積んで出世する」、てか。

しかしそれゆえの長所ももちろんある。それは「飲み相手に最高」。静岡の人は一人では飲まず、人が人を呼んで「わははは」「ぶははは」「ぎゃははは」「チンチン(皿を叩く音)」が絶えず、居酒屋で関係なく一人飲んでるこちらも思わず伝染して「もらい笑い」だ。

飲み会の幹事には最適で「お、酒追加だな、刺身も足りないな、いいいい、オレ頼んでくる」とわが事のように腰が軽い。ちなみに東京の飲み会幹事は、まず出席者名簿と席次を決め、挨拶を誰にするかを考える。名古屋は安い予算で豪華を狙い、タイアップのおつまみ持ち込みを算段する。京都はお茶屋に電話するだけ。大阪は宴会芸の練習を始める。長野は最後に歌う歌を決める。高知はあいつも呼べと人数が増える。福岡は呼んでない出席者がいて、終わってから「あんた誰？」と聞く。沖縄は周りで飲んでいる人を招き入れる。

というわけで「酒を飲むには静岡、居酒屋の県民性は静岡が一番」です。

●静岡　多可能《たかの》

大正十二年創業の静岡の名物居酒屋。カウンター、卓席、奥の入れ込み座敷が一体となった、飴色をたたえた店内はすばらしい。ずらりと並ぶ黒札品書き、三十二穴もある銅の燗付器《かんつけき》が静岡の酒飲みを物語る。座敷床の間に飾る創業時の扁額「大衆酒場」は初代の言葉。今は山賊髭《ひげ》の四代目がカウンターに。〈生しらす〉〈桜えびかき揚げ〉はさすがだ。

●浜松　貴田乃瀬《きたのせ》

市の中心から少し離れた一軒家に料理の鉄人あり。主人は和食ベースの創作料理に技巧を尽くし醤油も自家製。その料理と一八〇種もある日本酒の相性が見せ所だ。特にこだわる〈〆鯖《さば》〉はすごい。〈わいん用刺身盛り〉は醤油を使わずに食べさせる逸品。「素材が良い」に頼らず、その上をめざす料理人魂は風貌《ふうぼう》にも表れるが、イガイと面白い人でもある。

●浜松　娯座楼《ござろう》

「浜松パワーフード」は将軍牡蠣《かき》、将軍あさり、どうまん蟹、浜名湖すっぽん徳丸、遠州牛など。舞阪港水揚げの魚にこだわり、銀皮を残した超厚切りの〈もちかつお〉は最高だ。刺身を生かす本山葵がまた特上品。地元出身の若い板前は「浜名湖内側の舞阪は海水と真水の汽水で魚種豊富。天竜川の鮎など、静岡はうまいものだらけ」と胸を張る。

愛知　居酒屋のない町に日本一の居酒屋が

人口約750万人のうち、県都・名古屋市に人口230万人強。自動車産業を中心に工業が盛んで、製造品出荷額等が日本一。花きの産出額も日本一。日本三大地鶏のひとつ「名古屋コーチン」が有名。豆味噌の一種「八丁味噌」が好まれる。三河湾や伊勢湾に面し、漁業も盛ん。

関東と関西を分かつのは愛知県豊橋あたりで、ここを境に味の好みが変わる。麺類（関東は蕎麦《そば》／関西はうどん）、出汁《だし》（関東は鰹節《かつおぶし》／関西は昆布）、基本調味料（関東はなんでも醤油／関西は薄口醤油と酢）、味噌（関東はしょっぱい赤味噌／関西は甘い白味噌）、香辛料（関東は七色唐辛子／関西は山椒《さんしょう》）、葱《ねぎ》（関東は白いところ／関西は青いところを使う）、鰻《うなぎ》（関東は蒸して焼く／関西は直焼き）、寿司（関東はにぎりで主役はまぐろと小肌／関西は押し寿司で主役は鯖《さば》寿司）、天ぷら（関東は専門店が多く天丼は豪華／関西は天ぷら店が少なく天丼は貧弱）。

居酒屋的には、刺身の好み（関東はかつお、まぐろなど赤身／関西は鯛、ぐじなど白身)、〆鯖(関東は酢洗い程度のあっさり/関西は酢をたっぷりきかせてさらに出汁に浸す「きずし」)、卵焼(関東は砂糖を入れてやや焦がす程度まで「焼く」/関西は出汁たっぷりで温め固めるだけの出汁巻で「焼かない」)、煮魚(関東は醬油の濃い汁でさっと煮る/関西は出汁をきかせあっさりゆっくり煮る)、おでん(関東は煮ないで静かに温めているだけ、大切な種ははんぺん/関西はつねにグラグラ煮えたぎりどんどん出汁を追加する、大切な種は牛スジ)。やや無理して言えば日本酒(関東は辛口/関西は甘口)、などなど。

中間の大都市名古屋はどうか。

麺類(平たいひもかわうどんの「きしめん」、その「味噌煮込みうどん」)、鰻(直焼きをご飯に埋める「ひつまぶし」、最後はお茶をかける)、味噌(独自の八丁味噌、これはうまい)、寿司(よりも天ぷらのおにぎり「天むす」)、おでん(よりも「どて焼き」)などなど独自色が強い、というか独自色を作り出したのは、東西に埋もれない意地か。

県民性は、損したくない、倹約家だがブランド好き、結婚式引出物は派手、ポイントカードやクーポン券はしっかりためる、喫茶店の豪華過ぎるモーニングサービス、偉大なる田舎、など名古屋を揶揄《やゆ》する言辞は多い。では居酒屋はどうか。私は漠然とあまり居酒屋のない大都市だなあと感じていたが、ある時きちんと探索してみようと数日にかけて滞在したことがあった。

その結果は「やはり、なかった」。だいたい繁華街がない。「栄があるで」と聞いて出かけたが、ビルばかりで道路はひろく、他の都市にはたいていある飲み屋横丁がないのは居酒屋好きにはつまらない。それは、車通勤社会で飲めない、ケチだから家で飲む方が安上がり、よって居酒屋文化が育たないのでその良さがわからない、などがよく言われる理由だ。

しかし私の見方はちがう。名古屋には「大甚本店」という「日本一の居酒屋」があり、そこがすべてを吸収している。その結果なのだと。

目抜き通りの交叉《こうさ》する広小路伏見の角、壁は黒い丸太を並べた二階家に開店四時の前から客が入りはじめ、暗い店内に座ってじっと待つ。柱時計が四つ打つと明るくなり、客はいっせいに立ち上がる。目当ては大机いっぱいに並べた様々な肴《さかな》だ。

鯛の子煮、かしわ旨煮、寒ブナ煮、小芋煮、オクラごま和え、海老ときゅうりの酢の物、ポテトサラダ等々、季節で変わる小鉢が常時四十種あまり並び、好きなものをとってゆく。減ると大皿から次々に追加され、炊き上がっためじろ（穴子）煮の大皿が湯気をあげて届く。それだけではなく、奥のガラスケースには時季の鮮魚が並び、刺身、焼魚、煮魚、天ぷらのあらゆる注文に白衣の板前が応え、料理されて運ばれる。最もすばらしいのは玄関脇、赤煉瓦《れんが》へっついの酒の燗付《かんつ》け場だ。でんと据えた白木四斗樽《しとだる》の木栓をひねり、大きな錫《すず》片口に受け、じょうごで七十本余りの徳利《とくり》に小分けする。大きな羽釜にはつねに湯が沸き、沈めて燗をする。盃《さかずき》は隣の鍋の湯に沈んで温まり待機する。酒は広島「賀茂鶴」の大甚専用タンクから樽で運ばれる樽酒で四斗樽が一日で空になる。「酒」と言えば十秒で届く燗酒の味は日本酒究極の絶品。常連の注文は黙って指を一本立てるだけだ。

カウンターはなく、八席ほどの大机に知らぬ同士が寄り合って座る。その奥の座敷も、二階の窓際も小机を適当に置いた小上がりも開店即満員。勘定は残った皿を数えてしゃっと算盤《そろばん》を入れたちまち終わる。毎朝八時から総出で仕込む肴小鉢は二〇〇円、三〇〇円ながら肴としての完成度はきわめて高い。

余談だが、私は日本を訪れた要人に日本の健全な庶民の楽しみを見せるため、お忍びでここに案内すると良いと思う。そこで自分で料理を取りにゆかせる。酒の注文も。

逆に日本の要人がドイツのビアホールやイギリスのパブに案内されれば、その国に親しみがわくと思う。居酒屋や酒場ほどその国の庶民が裸になっている所はなく、そういう意味で間違いなく国の文化なのだ。高級寿司やレストランは料理文化ではあるが生活文化ではない。

創業明治四十年。がっしりした店内の貫録。毎日来る客も、新幹線を気にしながらの客も、男も女もここで飲めるよろこびに顔が輝いている。私も名古屋に行ってここに入らないことはなく、名古屋に来る用事がこれになった。

●名古屋　大甚本店《だいじんほんてん》

味は昔にくらべて薄くなったと言うが、それでも名古屋らしい濃いめだ。一合八勺《しゃく》入る古風な印判の名入り大徳利はすばらしい風格。つるの太い目がねと胸の栓抜きがトレードマークのご主人、不動のお燗番の奥さんはともに若々しく、息子さん二人も板前をつとめ店は盤石だ。すぐ隣りは「御園座」で芝居関係の客も多いようだ。

近畿

三重　お伊勢詣りの精進落し

人口約175万人。人口約30万人で県内最大の四日市市は、工業都市として有名。県都・津市に27万人強が住み、隣りの松阪市では日本を代表する和牛「松阪牛」が生産される。伊勢市には伊勢神宮があり、伊賀市は忍者の里として知られる。海女の数、伊勢エビの漁獲量が日本一。

南北に長い三重県の北半分は伊勢湾、南半分は熊野灘に面し、内湾と外洋では海も風土も異なり県民性も二分する。その中間が伊勢志摩だ。

名古屋から近鉄電車で伊勢に向かう車窓山側の田園は美しく、鈴鹿川を渡るあたりから「真珠漬」や「赤福」の野立看板がのどかに見え始めるおだやかな光景だ。

伊勢に行くとは神宮参拝のこと。自由な旅が許されなかった江戸期に「お伊勢詣《まい》り」は生涯一度の大旅行として、おかげ詣りの講が組まれ、あの『東海道中膝栗毛』も伊勢詣りの道中記だ。神宮へ向かう街道は人でにぎわい、茶店も繁盛した。

今や知られた「伊勢うどん」は、男の指ほどの極太めんをおよそ一時間もふわふわの柔らかに茹《ゆ》で、その茹で上げ置きを二、三分温め、どろりと黒い「たれ」をかける。太めんは扱いやすく、たれはおつゆのようにこぼす心配なく丼を運べ、柔らかいからすぐ食べ終えてくれる元祖ファストフードで、最後に汁がほしいむきは終えた丼のたれに湯をさしていただく。歴史は三〇〇年以上あり、中里介山の長編『大菩薩《だいぼさつ》峠』に参宮街道の古市にあった名高いうどん屋「豆腐六」が登場する。

〈豆腐六のうどんは、雪のやうに白くて玉のやうに太い、それに墨のやうに黒い醤油を十滴ほどかけて食ふ。「このうどんを生きているうちに食はなければ、死んで閻魔《えんま》に叱られる」と、土地の人に斯《こ》う云《い》い囃《はや》されている名物――〉

参拝を済ませれば祈願達成、その後はここぞとお金の遣い時。若いのは古市遊廓に繰り出し、そうでない者は精進落し。伊勢湾から勢田川を上った河崎は、山田奉行より伊勢周辺の米と魚の卸し専売を認められ、名実ともに「伊勢の台所」となって精進落しを支えた。

　さてその門前の居酒屋は今もあるか。

　伊勢市駅からすこし離れた古い飲食街の「一月家」の創業は大正三年。堂々たる二階建ての白暖簾《のれん》をくぐると、長いカウンター、手前は机、奥は広い小上がり。一番人気は〈湯どうふ〉で、温めた一丁に葱《ねぎ》と鰹節《かつおぶし》、そこに醤油をまわすがこれに秘訣ありで、伊勢うどんのたれをのばしてある。昆布、煮干、本たまり、みりんなど伊勢うどんの旨さは「たれ」にある。これが岩手、神奈川の項でも書いた「日本三大居酒屋湯豆腐」の三つめ。整理すると、盛岡「とらや」、横須賀「銀次」、伊勢「一月家」。

代々家族経営の広い店は二時から開店して夜十時まで。一人者も、会社帰りも、子連れも、連れた孫を走り回らせる老両親連れ家族もいる、まことに健全な居酒屋だ。日々の無事に感謝して手を合わせ、自分に精進落しする風景はこの店に連綿と続いている。

三重県は永劫不変の伊勢神宮を懐に抱くのが、今のままが続いてゆくことを信じられる安定感ある県民性になっていると思う。その表れの一つが日本でも一、二に古い居酒屋「一月家」かもしれない。

●伊勢　一月家《いちげつや》

読みは「いちげつや」、通称「げつや」。〈ふくだめ〉はとこぶし煮、〈さめたれ〉はさめの干物、〈かまあげ大小〉は、春先に揚がる小魚小女子《こうなご》の釜茹で、大・小は魚のサイズで十三センチほどになった〈大＝かますご〉を好む人も多い。豆腐はその都度一丁を湯に沈め、自然に上ってきたところが、温度も柔らかさも最適なのだそうだ。

●伊勢　虎丸《とらまる》

町並み保存された河崎は、立派な瓦の千本格子商家や古い蔵が連なる魅力ある地。築一二〇年の石蔵の店内に白巻紙三段に達筆で書かれた日付入り品書きの、伊勢湾にこだわった魚がすごい。志摩半島のリアス式海岸は魚の宝庫で、快活な主人が店を終えてから夜釣りに出た釣果が並ぶことも。水揚げ即活け〆血抜きブリの胆和えのすばらしさ。

滋賀　都の隣りの、おちついた風土

琵琶湖の東側にあたる湖東地方で飼育される「近江牛」や、鮒《ふな》を発酵させてつくる「鮒寿司」などが有名。34万人強が暮らす県都・大津市は、琵琶湖の南西部に位置する。南部にある甲賀《こうか》市は忍者の里としても知られるが、陶器の「信楽焼」の産地としても有名。人口は約140万人。

滋賀の県民性というと必ず語られるのが「近江商人」だ。全国どこにも行商に出て商売に励む。「近江の千両天秤」は天秤棒一本で大きな財を成す商魂のたくましさ。「琵琶湖の鮎《あゆ》は外に出て大きくなる」と言い、その結果で今に続く大企業の創業者も多いという。

私は滋賀を何度か訪ねてとても好きになり、別種の感想を持つようになった。

胃袋形の琵琶湖を囲む滋賀県は、文字通り琵琶湖が中心で、湖南、湖北、湖東、湖西と分かれるが、どこも湖のほとりだ。湖北・長浜城の湖畔に立ち、のぼる水蒸気で霞《かす》む湖、群れ飛ぶ水鳥に日本的な幽玄美を感じ、海のような荒波のない、つねに穏やかな湖水を身近に暮らすのは人の情感をつくるのではないかと感じた。胃袋のようなと書いたが、母の胎内と書けば根源的な安心感がわく。

湖北の長浜は、近江と直江津を結ぶ北国街道の要衝で、秀吉の定めた自由市場「楽市楽座」により栄えた。街道沿いは千本格子の町家や、白壁に舟板を張った屋敷が、静かに落ち着いたたたずまいを見せる。長浜は水の町で、町家の裏から石段で川に降りられる舟運水路が縦横にめぐらされ、鯉が泳ぎ、鴨や白鷺《しらさぎ》が遊ぶ。北側は黒壁スクエア、飲食店、特産品、古美術、ギャラリーなどが並ぶ昔風に整備された観光地区で、〈焼鯖《さば》そうめん〉が評判の「翼果楼《よかろう》」はここにある。毎年四月・曳山《ひきやま》祭の豪華な曳山と「長浜子ども歌舞伎」は全国からファンが訪れる。

湖南の大津は、三井寺などの名勝「近江八景」が名高い。東海道五十三次の最後の宿場で隣りは京都だ。京都と大津は路面電車でつながり、下駄履きで京都に買物にゆける。

京都の町家は元治元年（一八六四）禁門の変の大火で消失したが。大津の大津百町はそれ以前からのものが残り、千本格子の家並みはまちなみ遺産として有形文化財がたいへん多く、そこには人が住む。どの家の瓦軒先にも鍾馗《しょうき》が上がり、辻辻の地蔵尊祠《ほこら》は花が絶えない。京都の華美とはちがう質素な洗練は、都を離れた寂寥《せきりょう》にも、また隣りは都である安心感にも思われ、老後を大津のマンションで暮らす人が多いと聞き、それはよいだろうなと思った。作家・遠藤周作は自分の最晩年の地を湖西に定め、詳しい場所は誰にも教えなかったという。

滋賀県は中心に大きな湖を抱く一体感が県民性の根本にあると思う。それに飽き足らず出てゆき成業を求める人もいる。老いの見えた私はその静謐《せいひつ》な一体感にひたりたく訪ねてゆく。長浜、大津に居酒屋は多くないが、ある店の水準はきわめて高く艶《つや》やかで、それは滋賀らしいと思う。

●長浜　能登《のと》

老舗名割烹内は石畳を脇に畳、広々した小上がり座敷、泉水の坪庭、さらに奥座敷と長浜お大尽の優雅そのもの。一人ならば寄り付きカウンターで一杯。目当ては琵琶湖の鴨料理で〈鴨すき〉もいいが、私はシンプルな〈鴨焼〉がよく、葱《ねぎ》が欠かせない。川海老を豆と炊いた〈えび豆〉、たまにある天然鰻《うなぎ》など琵琶湖の美味を堪能、店の優しいご夫婦も魅力。

●長浜　住茂登《すみもと》

大通寺参道に一二〇年になる割烹。琵琶湖の固有種・ニゴロブナをご飯と漬けて発酵させたご存知〈鮒《ふな》寿司〉は、琵琶湖漁師だった主人曾祖父の頃と作り方も木桶も重石も変わっていない。時季には同じく固有種の本モロコが塩焼きで食べられる。飾る額写真は、当店の息子兄弟が子ども歌舞伎に女形で出演した時のもので、子供ながら凄艶《せいえん》な色気だ。

●大津　お〻杉《すぎ》

京都で料理修業した主人の腕は冴《さ》えわたり、当店だけの〈鰻しゃぶ〉は不動の名物。焼物はすべて炭火で、一本筒切りのフグに無我夢中。すすめられた〈白子ぽん酢柚子《ゆず》釜〉の色っぽい絹肌とコク。毎週のように来てコースをとる客には意地でも同じものを出さない。明るい人柄、美人奥様。観光化した京都を嫌って来る京都人がたいへん多いとか。

京都　千年の都の居酒屋とのつき合い方

府都・京都市は南部の京都盆地にある。中央部に丹波高地があり、北部は丹後半島などで日本海に面する。北部山間部は豪雪地帯。賀茂なす、京ぜりなどの伝統野菜は「京野菜」、惣菜は「おばんざい」と呼ばれる。宇治市などで生産される「宇治茶」が有名。人口約255万人。

千年の都、京都。秋になれば女性雑誌、旅行雑誌はいっせいに京都特集を組み、つまらないテレビドラマも京都を舞台にすれば視聴率がとれ、グルメ本、ガイド本が最も多いのが京都だ。かく言う私も『ひとり飲む、京都』『京都、なじみのカウンターで』と二冊書き、そこそこ売れたからありがたいことだ。

その京都ほど県民性に興味を持たれる所はない。いわく、プライドが高い、ものごとをはっきり言わない、一見さんお断り、京都以外を「よそさん」と言う、陰で当てこする「いけず」。

これはすべて当たっている。私も四十歳を過ぎたころからひんぱんに京都へ行くようになってそれを知り、対処法もわかった。

なじみの居酒屋ができて「太田さん、おこしやす」と迎えられれば嬉しいが、会話は「暑いね、寒いね、これ旨いね」の域を出ないようにする。京都の人は「いま東京では」と言った途端にもう聞いていない。しかし京都の話題は喜ぶ。私の本も京都の人に見られると思えばひやひや物だったが、その京都でよく売れたと聞いた。まあ「フフン、何書いてんやろ」だろうけど。

居酒屋で「オーイ」などと大声を出すのは最も嫌われ、聞こえていても返事をしない。おおげさに「さすが京都、いい仕事だ」などとお世辞もダメ。ではどうしていればよいか。黙って、いま京都で飲んでいる喜びをかみしめていればよい。簡単なことだ。

そして気づいたのは「うわべだけで付き合うこと」の大切さだ。何百年も変わらず続いている人間関係は、互いに良いところだけ見せて（見て）深入りしないことでよい関係を保つ。「腹を割ったり」「人に口出し」したらそこでお終《しま》い。「竹を割ったような正直な性格」は関東では評価されるが、京都では「なんや、あの人つまらん」となる。「人間やもん、隠し事や嘘《うそ》がある方がおもろいでっしゃろ」と。それは老年となった私の人生訓になり、それで生きられる京都はますます好きになった。

名だたる京料理の京都は白衣白帽の板前割烹が圧倒的に多く、そこはもちろん料理主体で、いつまでも飲んでいると「料理が冷めます」と言われる。酒もたいしたものを置かないのは、酒ばかり飲まれては困るからだ。かくして居酒屋は少ない町だったが、近年の名酒ブームで、良酒をそろえた割烹居酒屋がめざましく増えてきた。そうなれば、本来料理の腕は修業済み、品のよい店造り、接客も慣れたことで最強の居酒屋ができ、それは大いに歓迎され、新しくできる店はほとんどこれだ。高倉通二条「魚とお酒　ごとし」、西木屋町「食堂おがわ」はその代表だ。ここでは本来の京都の居酒屋を伝える老舗三店を紹介しておこう。それ以上は拙著京都本をご参照ください。

●京都千本中立売　神馬《しんめ》

昭和九年から続く、おそらく京都で現役最古の居酒屋。酒蔵風の二階白壁に鏝《こて》文字の「銘酒神馬」がいい。古風な粋をたたえて艶光りする店内は、大カウンターと奥に続く大机が大衆酒場とわからせる。しかしここの料理はまさにトップクラスの一流で、値段明記でそれを選べるうれしさ。銅壺《どうこ》燗《かんつ》付け器による独自の銘柄ブレンド酒の味はどこにもない。

●京都川端二条　赤垣屋《あかがきや》

川端通に面した黒板壁に縄暖簾《のれん》。玄関土間、ひんやりした三和土《たたき》、ぶら下がる裸電球の店内は時間の堆積した空気がすばらしい。建物はいつの年代かわからないほど古い。戦前からの安い大衆酒場だが、大学の先生や本当の京都人を常連とする「店の格」は高く、それがまた京都らしい。観光とは縁のないここが京都のスタンダード居酒屋。

●京都先斗町　ますだ

最も京都らしい小路といえば先斗町《ぽんとちょう》。もちろん観光客もいっぱいだが、十五番ろーじの「ますだ」は司馬遼太郎、大佛《おさらぎ》次郎、桂米朝、ドナルド・キーンら多くの文化人が常連とした名店。しかし決して文化人サロンでなく、仕事を終えたサラリーマンやたまの夫婦酒など、市井の人が文化人と並んで普通に盃《さかずき》を傾けている。こういう酒場は東京にはない。

大阪　ルネッサンスがおきた大阪居酒屋

人口約880万人で全国3位だが、面積は日本で2番目に狭い。食い倒れの街とも言われ、フグの刺身「てっさ」やフグ鍋「てっちり」、鯖《さば》と昆布を使った押し寿司「バッテラ」などが有名。パナソニックや日清食品などの数多くの企業が本社を置く、西日本の経済の中心でもある。

日本で最もポピュラーな県民性は大阪だろう。見栄を張らずに本音で生きる。「がめつい」と言われようが儲《もう》けてナンボ。ボケとツッコミ、理屈より笑い。のらりくらりした大阪弁は脱力感も説得力もある。

東京人「それでよろしいか」

大阪人「そな白黒つけたらあきまへんがな、まあええでっしゃろ、ここはあんたの顔もたてなあかんさかい、ええようにしといてや、ほなさいなら」

これでは勝負にならない。

また大阪は「天下の台所」として日本中から食材が集まり、「関西割烹」は日本料理の頂点となった。その基礎は北前船が大阪に運んだ北海道昆布による出汁《だし》で「有名割烹〇〇で修業した」は料理人の何よりの勲章だ。〈包丁一本、晒《さら》しに巻いて〜〉大阪の料理人をうたった「月の法善寺横丁」は大阪ならではで、他の地でこういう歌はできそうもない。

厳しい商売道をつらぬく奉公の世界は「どケチ」と言われようとも、鯖《さば》のアラの〈船場汁〉のように、普通は捨ててしまうような食材を巧みに使い切る「始末のよい」料理も生んだ。反面、本当においしいものには「これは値打ちがある」と金を惜しまない。お金の使い方を知っているのだろう。それやこれやで大阪は「食いだおれ」の地となった。

ではその地の居酒屋はどうか。

およそ二十年も前、東京の居酒屋のあらましは見えた私は、大阪はどうだろうと何度か出かけ、意外な印象を持った。それは「安かろう面白かろう」の「ウケ狙い」の肴《さかな》と、灘大手三増酒のまずい酒で「安く酔えればそれでよい」。そういう店ばかり入ったのだろうと言われればそうかもしれないが、串揚げやタコ焼を大切にするのがわからない。

「気の利いた肴でじっくりと良酒を愛でる」が居酒屋と思っていた私に（それは今から考えれば東京の価値観だったのだが）、大阪の居酒屋は料理や酒よりもボケツッコミなどの遊び場に見えたのである。「名にし負う大阪の味は、たとえ居酒屋であっても、いやそこでこそ底力をみせるだろう」の期待は全く不首尾に終わり、「居酒屋の風格」などと気負った気持ちは哄笑《こうしょう》とともに消され（風格？ それで腹ふくれまっか？）、敗北感とともに帰京したのだった。

その後も印象は変わらず、大阪居酒屋にロクなものはないと思っていた気持ちに、これが大阪の居酒屋かと目を開かせたのが、中心部を離れた阿倍野の「明治屋」だった。

まずその建物（東京人は「味」の前に「箱」が大切）。創業昭和十三年からの木造二階家は古い大阪商家の風格をたたえ、ひんやりした三和土《たたき》とカウンター、カウンターの高さに合わせた幅細の机。どっしり座る四斗樽《しとだる》、提灯《ちょうちん》の上がる神棚などの時間が止まったような静謐《せいひつ》感。午後一時の開店に、ぽつりぽつりとやって来る客は静かな一人酒だ。きずし、ねぎタコ、出汁巻、水なす、皮くじらなど艶のある肴。何よりも古風な銅の循環式燗《かん》付《つ》け器による燗酒の甘みのある旨さ。大阪の中心部にこういう店はなかった。厳密には、もっと昔にふらりと入った心斎橋の「中野」にそれを感じ、食通で知られた山本嘉次郎の古い本で「昔のなにわの風格を残す貴重な店」と知ったが、隣家の火事で閉店してしまった。

ともかく、これが本来と思いたい大阪の居酒屋はみつかり、それは大変レベルの高いもの（小生言う「日本三大居酒屋」の一軒）だったが、他には見つからなかった。

その大阪居酒屋に、ここ十数年で劇的な変化がおきた。それは灘の酒一辺倒だった関西に、「山中酒の店」で全国の地酒を紹介普及させ、さらに自ら模範的居酒屋「佳《か》酒真楽《しゅしんらく》やまなか」を開いた山中基康さんのもとで修業した若手が、次々に独立して自分の店を開いたことによる。

その方法は、まず山中さんの店で酒と料理を学ばせ、次に山中さんが作った居酒屋「まゆのあな」を若手だけで運営させて現場や経営を身につけ独立の力をつけさせた。店名「繭の穴」はここから羽ばたけの意味だ。やがて店長経験者から「かむなび」「燗の美穂」「うつつよ」が誕生。注目すべきはどこも自分の個性を強烈に出していることで、山中さんの「ウチと同じ店を作ってもはじまらない」という教えの実践だ。これも、ちょっと当たるとすぐ二号店三号店を作って経営者気取りの東京居酒屋とはちがう、大阪の商売人魂と思いたい。山中さん自身も「さかふね」「へっつい」「だいどこやまなか」「たちのみやまなか」「十割そばやまなか」と様々な個性ある店をつくった。食いだおれの大阪人はもともと舌は肥えており、そこにしっかりした酒と料理が登場するとたちまち客は集まり、大阪の居酒屋地図はがらりと変わったのである。

一方実力派居酒屋同士で仲のよかった「かむなび」「よしむら」「蔵朱《くらつしゅ》」の三人が「日本酒卍固《まんじ》め」というグループを作って始めた、居酒屋と酒蔵を結んで大阪天満宮で開くイベント「上方日本酒ワールド」は年々盛況の名物となり、訪ねた東京居酒屋の若手は刺激を受け、東京版「大江戸日本酒まつり」を神田明神で開くようになりこれも盛況だ。

さらに「かむなび」や「燗の美穂」で修業して自分の店を持った「べにくらげ」、山中酒の店で修業した「はちどり」。日本酒愛が高じ、神戸からお母さんを呼んで店を開き、日本酒イベントも続けるミス大阪居酒屋美人の「日本酒うさぎ」。モダンな居心地で新しいセンスの肴がいい「寧」。若者に人気の地・ウラなんばにあって、繊細最高のおでん、どて焼きで浪速っ子を泣かせる「酒肴 哲」など、かつて大阪に居酒屋はないとうそぶいていたのは大間違い、今やどこに行くか大いに迷う「居酒屋の町」になった。

同じ居酒屋同士、「商売敵《がたき》」ではなく「共存共栄」で業界を盛り上げようという若手らしいしなやかさが大阪から東京へとひろがり、居酒屋は新しい時代に入ったと言えよう。ここでは本来の大阪らしさを持っている名店を三つ紹介しよう。

●大阪阿倍野　明治屋《めいじや》

阿倍野再開発の広大な空地にただ一軒、孤高の存在だった明治屋はついに取り壊され、新ビル「あべのウォーク」に入ったが、玄関周りも店内もすべて昔のままに再現して常連を感涙させた。居酒屋は内装を変えてはいけない、をここまで徹底したのは快挙だ。昔通りのカウンターでいつもの酒を飲む。大阪居酒屋の最高峰は「聖地」として残った。

●大阪上町　ながほり

島之内で実力をたくわえていた「ながほり」は、上町に移って酒蔵をイメージした理想の店を実現した。酒蔵古材を柿渋で仕上げた店内は日本酒の「気」があふれる。

復活地野菜をはじめすべて生産者に会って確かめた素材の前人未到の料理に一流ホテル料理長も通う。でありながら「うちは居酒屋です」と言い切る、名実ともに日本の居酒屋の最高峰。

●大阪南田辺　スタンドアサヒ

ごく平凡な店構えがいつも超満員。安価が信じられない丁寧な料理は老練な父と働き盛りの息子。そしてしゃきっと通る声で差配する美人娘クミコさんの獅子奮迅《ししふんじん》が生みだす明るい活気。お年寄りと子供連れ一家も来ているのがこの店の良さで、お値打ちな品をにぎやかに楽しみながら一杯やる大阪居酒屋の実力と健全あふれる、創業八十年を超えた名店。

兵庫

酒郷灘、おひざもとの居酒屋は

南部は瀬戸内海に、北部は日本海に面する。瀬戸内海側で雨が少なく、ため池の数が日本一。人口540万人強のうち、県都・神戸市に150万人強が暮らす。世界的に名の知れた和牛ブランド「神戸牛」や、北東部の丹波地方（篠山市など）で栽培される「丹波黒大豆」が有名。

県民性の本には、おしなべて兵庫県人には一種類の明確な特徴がないと書かれる。兵庫県は山陽と山陰がある珍しい地域で、淡路、播磨、但馬、丹波、摂津の五国も気質がちがうと。日本屈指の港町は横浜と神戸。神奈川県人と横浜市民の気質は変わらないが、モダン都市神戸と山陰情緒の城崎温泉に共通点は見つけにくい。それは面している海のちがいだ。神戸の人は山陰を忘れており、山陰の人に都会神戸は遠い所だろう。

神戸はたいへん魅力のある町だ。京都「着だおれ」、大阪「食いだおれ」、神戸「履きだおれ」。神戸の人は履物にお金をかけるというのは、神戸大丸デパート一階の広大な靴売場の椅子に座る神戸マダムが、足元いっぱいに何十足も並べて品定めするのを見れば納得する。そうなると町を行く人の足元も気になり、履きつぶしたような貧弱なそれは見たことがない。

外国航路の港町神戸は横浜と同じく、中華街はじめ世界中の料理店があり、酒場は洋酒バーが主流だ。居酒屋はどうか。

神戸の居酒屋のかつての特徴は日本一の酒の生産地である灘五郷を控えているところにあった。大正時代から蔵元から直に酒を仕入れる「宣伝酒場」が発達して定着した。昭和九年創業の「元町金盃」や「八島食堂」はそれで、神戸に通い始めたころは、地元に酒はありすぎるためか、居酒屋はあまり酒にこだわらない様子は案外だなと思っていた。

しかしそれも時代の流れで、灘の酒を安直な肴《さかな》で味もみず飲んでいた町に、全国地酒名酒を並べた居酒屋ができるとやはり客はついた。その嚆矢《こうし》が港から少し離れた山手東門街の「哲粋」ではないだろうか。酒だけではなく、きちんとした料理、居心地をもつ洗練された店は、宣伝酒場にあきたらない客をあつめ、ようやく神戸に上等な居酒屋ができたと感じさせた。もともと神戸人は新しいものを取り入れる県民性で、これも認められるべくしてそうなったのだろう。

その後「哲粋」は閉店したが、一軒が成功すれば続く店もできてくる。哲粋で修業した人の店も開店した。私は住むなら神戸と思うほど好きだが、居酒屋に入る楽しみもできてきた。

●神戸　丸萬《まるまん》

神戸市街から少し離れた福原に昼十一時半からやっている古い名酒場あり。名物〈たこわさ〉はタコの山葵菜《わさびな》和え。人気は〈穴子酒蒸し〉。その場で揚げる〈揚げたてフライ〉は注文すると喜んでくれる。ビラの品書きはみな安いが仕事はじつに丁寧。店の人の気さくな応対も心やすまる。リタイア老人の、のんびり昼酒、夜はサラリーマンでいっぱいだ。

●神戸　藤原《ふじわら》

三宮駅ガード下の古い居酒屋「森井本店」でながく板長をつとめた藤原さんは、阪神淡路大震災のあと辞めねばならなくなり、山手の二宮に小さなカウンターだけの居抜き店を持った。人柄と味を知っていた客は目立たない場所の店を探し当て再び通うようになり、今や最も入れない人気店となっている。モダン都市神戸に人情あつい人たちあり。

●神戸　酒糀家《さかや》

裏東門街中ほどの地下の店は、本物の三和土《たたき》、白木板などに間接照明がカジュアルな雰囲気。ずらり並ぶ一升瓶は有名銘柄を避け、しかも本醸造が多く、酒に主張がある。鴨ロース・煮茄子・小鰭・のれそれなどの〈前菜盛り合わせ〉はお徳用。〈お造り盛り合わせ〉もまた良心的。カウンターには日本酒うるさ型、大テーブルにはグループ、奥の個室には男女たちと、まことに使い勝手がよい。

●神戸　すぎなか

「哲粋」修業を終えて開店十年を超えた。毎日変わるお通し〈季節の炊き合わせ〉は時季野菜に例えば子持ち昆布を合わせ、〈あて盛合わせ〉はふぐ皮、自家製カラスミ、のどぐろ肝土佐煮など八寸八種。〈針イカ甘えび醤油漬〉など、造り・蒸・焼・あて・

揚など一〇〇種に近い料理は皆すばらしく、本命の煮魚になかなか進めない。背棚に無造作に重ねた器はなんとすべて母の作で、作風は千変万化に華麗だ。酒は灘をあえて置かず全国名酒というのもいい。ここだったらいくらお金を使っても後悔しない神戸きっての店。

●神戸　酒商熊澤《さかしようくまざわ》／ボンゴレ

和を取り入れたモダンな店の一階は立ち飲み。日本酒に詳しい美女三人は雪彦山《せっぴこさん》、仙介、琥泉、龍力など灘や播磨でもあまり知られない酒を、お燗はちゃんと錫のちろりで出してくれる。二階「ボンゴレ」は珍しい貝料理専門店。いつも頼む〈貝五種盛り合わせ〉はそれぞれの味を演出させて燗酒にぴたり。〈月日貝のグラタン白味噌蒸し〉〈はまぐりのロースト・すりおろしチーズ〉など、フレンチ、イタリアンを学んだ店主の「貝愛」はすばらしく、貝好きの私には天国だ。

●明石　立《た》ち飲《の》み処《どころ》　穴蔵《あなぐら》　田中《たなか》

明石・魚の棚商店街の田中酒店が併設する小さな店が、開店前から女性もまじえて並び、即満員。酒揃えは当然としても、気合いあふれる「昼網」の魚料理は、日本一の〈明石鯛の松皮造り〉や〈ヒイカ炙り〉〈おこぜの刺身・胃袋・肝つき〉などすべてが巧みに料理され、誰もが完全降参する。開店した父の言葉「皆が美味しい酒と魚で疲れを休め、笑える処」が完璧に実現した「日本一の立ち飲み」と断言する。

奈良　大仏商法の居酒屋とは

人口130万人強のうち9割ほどが県都・奈良市などがある奈良盆地に住む。中部にある吉野山は桜の名所として知られる。白瓜などを酒粕《さけかす》で漬けた「奈良漬け」や、塩漬けにした鯖《さば》を柿の葉で包んだ「柿の葉すし」が有名。大和郡山市などで金魚の養殖が盛んで、販売数が日本一。

古都・奈良は「奈良の大仏商法」と言って、座っているだけで商売ができる。また「奈良の寝だおれ」は寝てばかりいて身上をつぶす揶揄《やゆ》だ。昼の観光が終われば町はシーンとしてしまうと言われた。

でも良いではないか。寝て暮らせればこんな良いことはない。何をあくせく働く。大仏様をご覧、じっと座って落ち着いたものではないか。

しかし疑り深い私は、寝ているばかりではなく夜は酒を飲むはずだと夜の町を徘徊《はいかい》し、彼らの飲んでいる所を探り当てた。

小路の奥の暖簾《のれん》に一字大きく「蔵」、相合傘で「やすい、うまい」と添えた居酒屋「蔵」

は、築一三〇年余りになる呉服問屋の蔵建物を使って昭和二十九年に始めた古い店。店内は長四角の店内ぴったりにコの字カウンターが回り、座る後ろの板壁はもたれた背ですり減っている。古色蒼然《こしょくそうぜん》と鎮座する古いアサヒビールの扁額。店全体に歴史の重みの空気がただよう。客は地元の常連か、奈良に研究滞在する学者先生風ばかりがじっくり落ち着いて夜酒を楽しむ、観光客は全く来ない店だった。

文化遺産の古都ゆえ夜の繁華街はないが、それでもじっくり探すと、目立たない場所にひっそりと、そういう店はいくつもみつかった。奈良の人は外に出たがらない「盆地気質」とそこの客が言っていた。また居酒屋などで料理を待たされても「まだか」とは言わない鷹揚《おうよう》さがあると。人は訪ねてくるもの、それはこばまないが、人の帰った後の静かな夜に本当の奈良の良さがある。それを観光にしないだけだった。

もちろん奈良にも若い人はいて、奈良をスローライフの町ととらえた手作りクラフトショップや自然食カフェ、ギャラリーが「奈良町」を中心に集まり、それが古都としっくりなじんでいるのが商業主義ではない若い人のセンスだ。観光客なんか当てにせずわが道を行く風は良い意味の大仏商法かもしれず、私にとって奈良は「落ち着いた酒を飲みに行く」町となった。おすすめです。

●奈良　蔵《くら》

名物〈きも焼〉は焼かずに濃いたれで煮詰めた逸品。若い主人は料理熱心で、刻んだ青ネギをごま油で和えた薬味たれの刺身〈ねぎ塩カンパチ〉は傑作。当地だけのおでん種〈白天〉は魚すり身とキクラゲの薄い練りもので上品だ。コの字カウンターを囲む客たちの、いかにも落ち着いてあくせくしない飲み方は千年の古都に育った風格か。

●奈良　食遊《しよくゆう》　鬼無里《きなさ》

殺風景なガレージビル二階の小さな店。カウンターに並ぶ二十数種もの大皿料理がすばらしい。店名「鬼無里＝きなさ」は、主人が昔信州で知った地名で、いつかこの名で商売をしようとあたためていたそうだ。髪を後ろで束ねた主人の鬼瓦顔は、鬼は鬼でも善人の鬼で愛敬がある。大皿料理の店はいくらでもあるが私はここを日本一としよう。

●奈良　いにしへ長屋《ながや》

奈良町の元遊郭だったあたりの置屋を改造した、日本酒・ワイン・クラフトビールの「醸《かも》しバー」。立派な銅の燗《かん》付け器で温めた「風の森」「花巴《はなともえ》」などの奈良地酒と気の利いたあてで楽しめる。奈良県の日本酒ソムリエチャンピオンにもなった美人お姉さんが一人でやっているマイペースがいい。大勢なら戸障子をとりはらった奥の上がり座敷もいい。

●奈良　小料理《こりょうり》　奈良《なら》

市内をはずれた住宅地。カウンターに並ぶ大皿は調理済みに見えるが、そこから仕上げの手を加えて供される。出汁で炊いた〈エビイモ〉は熱々唐揚げに。鯛の子を若布で包んで大根かつら剝きで巻き、干瓢《かんぴょう》で結んで炊いた〈鯛の子のめまき〉は、温め直して紐をほどいて出される美しさ。それだけでおいしいはずの〈たら白子〉はかぶら蒸しのあんかけに。飾り気ない地味な店内にもの静かなご夫婦が、かくも見事な仕事をしているのに心から感動。奈良の奥深さを知った超名店。熟年夫婦旅にベスト。

●奈良　春鹿《はるしか》

およそ四十年も前、奈良名酒「春鹿」を飲む「春鹿会」が作られ、夜ごと奈良の文化人が集まった。その立派な二階建て昭和初期の町家を居酒屋にしたカウンターに座ると自ずと風格を感じる。気の利いたお通し、汲み上げ湯葉、蓮根天ぷらなど。〈白ナとあぶらかす煮〉は奈良野菜の白菜《しろな》を、牛の腸などの脂を油で揚げたあぶらかすで炊いたもので風雅。ここで奈良の文化を感じて盃を傾ける。

和歌山　雄大な紀伊半島を味わう

南部で雨が多く、年間雨量が4000ミリに達する地域もある。那智勝浦町に生鮮マグロの水揚げ高が日本一の勝浦漁港があるほか、白浜町では高級魚のクエが養殖されているなど、漁業が盛ん。温州みかん、梅、柿の生産量が日本一であるなど、果物栽培も盛ん。人口90万人強。

紀伊半島の西半分強を占める大きな県・和歌山は、紀北は徳川御三家の一つ和歌山城を擁する城下町、紀南は黒潮洗う豪放な海洋民族という。

てんてんてんまり　てん手まり
てんてん手まりの手がそれて……

西条八十作詞の童謡「鞠《まり》と殿様」は、参勤交代で紀州へ帰る殿様が、江戸の少女の手から転がってきた手毬《てまり》を国まで持ち帰ったというのどかな詞で、紀州の殿様の優しさを感じる。紀州といえばみかん、丸く甘酸っぱいみかんに詩人は手毬を連想したのかもしれない。和歌山城は戦時ではない平時の城で優雅な印象だ。

紀の川が海に注ぐ紀伊水道・加太《かだ》の魚は急水流でもまれて身が締まり、魚種も豊富で「加太」の魚はブランド品になっている。市内の大きな居酒屋「銀平」は大阪にも「和歌山直送」を看板に支店を出して魚好きに評判だ。刺身もいいけれど、和歌山は醤油発祥の地で、出汁《だし》も昆布もつかわない「醤油本位」をうたう「煮魚」を推す。

温泉もある南紀白浜は、大阪のお大尽の奥座敷として東京と熱海のような関係だ。今は関西一のリゾート地になった白い高層リゾートマンション群の中に忽然《こつぜん》と建つ木造一軒家の「長久酒場」こそ、今から三十年以上も前初めて入って感動し、その後の私の全国居酒屋行脚の原点となった居酒屋だ。

その感動とは「地方の居酒屋にはそこにしかない肴《さかな》と調理がある」ということ。今は建て替えたが、当時は道沿いのなんでもない店で、保養などに来た団体客は旅館で宴会をして外に飲みに出ることはなく、その酒場も地元客ばかりだった。

昭和三十九年に開店した時のおかみはおでんくらいしかできなかったが、通って来る漁師や魚屋が、あまり商売にならない地魚を「これ使ってみろ」「料理はこうして」と教えて居酒屋の体裁ができていったという、地方色がそのまま店になった謂《いわ》れが尊い。これぞ県民性居酒屋。初めて入ったとき黒板の〈ツメバイ、クツ、ゲタ〉などが何かわからなく、熊、鹿まである幅広さが、海洋ばかりではない山国紀南の「荒ぶる」大自然を想像させた。その一つ〈ウツボのたたき〉は開いて生干し保存したウツボを卓上のガス台で焼き、砂糖醤油で食べるもので、味は「強靭《きょうじん》」。一口ごとに精がつくのがわかる。

今や人気の和歌山ラーメン店のお約束は、机に重ね置いた鯖《さば》の押し寿司〈早寿司〉を途中で食べること。祭に作る鯖の〈なれ寿司〉は寝かせるがこれは即席の早寿司で、ラーメンもおでんも、屋台はどこでも置いていたものだそうだ。紀南から熊野あたりで作る細く若いサンマの天日干し、紀州名物の新鮮なサンマの〈さんま寿司〉や高菜の〈めはり寿司〉の、海の国らしく単刀直入な調理がいい。

かつて関東千葉の漁港の旧家を訪ねた時、自分たちの先祖は船で来た和歌山の漁師で、その時もってきた醤油がやがて野田の醤油産業になり、魚の食べ方も和歌山と共通するという話をきき、海洋民族の雄大さを感じたことがあった。

和歌山から三重に至る紀伊半島の海岸線は私には未知のパワースポットだ。長い海岸線をめはり寿司を手に、漁港串本、鯨捕りの太地《たいじ》、信仰の新宮・熊野、台風の名所尾鷲を経て、紀伊長島、あるいは伊勢までたどりつき、名物〈手こね寿司〉を食べる旅をいつかしてみたい。

●和歌山　千里十里《ちりとり》

繁華街「ぶらくり丁」に昭和三十年創業の魚料理の居酒屋。店のはるか奥まで長いカウンターには地元の魚好きが集まる。〈かわはぎ〉の地元言葉〈まるはげ煮魚〉は箸が止まらない。時季の〈ほうぼう〉刺身の透明感ある甘みは最高。開業した父とともに調理に立つ二代目はいい男。酒は地酒「雑賀《さいか》」をぜひどうぞ。

●白浜　長久酒場《ちょうきゅうさかば》

〈ウツボのたたき〉は必食。時季の〈もちカツオ〉刺身はカツオ好きの私をわしづかみにした。自家製〈カラスミ〉は全国の、また銀座の高級寿司店のも知る私が「日本一」と推す超名品。その秘密は「潮風が味をつくる湿度」にあり。亡くなられた初代おかみの孫の主人はしっかりその味を守っている。酒は地酒「長久」。

中国・四国

鳥取

静かな町であればこそ

人口55万人弱。成長した雄のズワイガニである「松葉ガニ」の産地として有名。西部にある境港漁港は紅ズワイガニとズワイガニを合わせたカニの水揚げが日本一。二十世紀梨の生産量も日本一。らっきょうも名物で、生産量は全国1位。日本海に面する西日本有数の豪雪地帯。

県民性の本の鳥取県記述はおおむね、陰気でじめじめした気候、日本でいちばん人口が少なく、人柄は内向的で地味と素っ気ない。

しかし私の印象はちがう。

温泉王国「鳥取十温泉」のうち四つは鳥取市にあり、駅近くの鳥取温泉は最盛期は三十軒の湯が列車の時間待ちにも使われた。今も数軒あり「日乃丸温泉」は早朝六時から夜十二時まで開いている。私の鳥取は温泉朝風呂から始まる。

駅前は殺風景だが、市内を東西に流れる袋川の北は鳥取藩・池田家三十二万石の落ち着いた屋敷町だ。その正面、久松山《きゅうしょうざん》（二六三メートル）の地形を生かした鳥取城は中世山城の様式で、明治十二年（一八七九）に解体されるまで藩の要となった。周辺はよく整備され、地方らしい制服の男女高校生が下校してゆくのが似合う。山裾に建つフレンチ・ルネッサンス様式の洋館「仁風閣」は明治四十年（一九〇七）、池田家十四代当主が、赤坂離宮などをてがけた宮廷建築の第一人者・片山東熊に依頼したもので、純白典雅な気品はすばらしい。初代藩主・池田光仲が慶安三年（一六五〇）に建立した樗谿《おうちだに》神社（鳥取東照宮）は、山奥の森閑たる杉木立の石灯籠の列が本社に向かう。あたりは螢の名所で夏の夜は螢狩りの人が多いそうだ。

また鳥取は日本の音楽教育に大きな功績を残した文部省唱歌の音楽家を多く生み、田村虎蔵（「金太郎」「浦島太郎」「一寸法師」「花咲爺《はなさかじじい》」「青葉の笛」など）、岡野貞一（「春が来た」「朧月夜《おぼろ》」「紅葉《もみじ》」「春の小川」など）は、情感あふれる土地で育った人でなければ作れない名曲と思う。鳥取城内濠《うちぼり》の「ふるさと」の歌碑は作曲・岡野貞一／作詞・高野辰之。

兎《うさぎ》追いしかの山　小鮒《こぶな》釣りしかの川……

高野は私の故郷長野の人。子供時代を鳥取と長野の田舎に育った二人が、それぞれに故郷を思って作った歌は日本の原風景だ。

気候は陰気、人口は少ない。そういう地であればこその静かな空気が鳥取の最大の魅力で、旅とはそういう所へ行くものと思う。

地酒は熟成感のある重みに特徴があり、魚は初夏の「アゴ＝トビウオ」が断然すばらしく、地元では超極細の「かれぎ」という青葱《あおねぎ》みじん切りをまぶして食べる。その「アゴ子（卵）」は地元でしか食べられない逸品。アゴを使った「あご竹輪」はおみやげの名品だ。

●米子　桔梗屋《ききようや》

滋賀の名料亭「招福楼」で修業した主人は故郷で小さな居酒屋を一人で始め、平成十八年、結婚を機に念願の店を大きくかまえた。設計士と入念に準備した広い板張り座敷のカウンターは居心地満点。「辦天娘《べんてんむすめ》」など地酒の揃《そろ》えも完璧。コース初めの八寸盛りだけでも充分に丁寧な料理を満喫《まんきつ》できる。どんな人でも安心してお連れできる山陰屈指の名店。

島根

遠い地に桃源郷あり

日本海に面し、冬は曇りや雨・雪の日が多い。東西に細長く、東部の出雲地方と西部の石見地方に、隠岐地方（隠岐諸島）を加えた3地域に分けられる。3段の丸い漆器（割子）で出される「出雲そば」や、県都・松江市が接する宍道湖《しんじこ》で獲《と》れる大和シジミが有名。人口は65万人強。

鳥取県も島根県も日本海に面して東西に長く、鳥取県は東に鳥取市、西に米子市。島根県は東に松江市、西に益田市と、大きな都市が県の東西に離れているのが特徴だ。逆に県境をはさむ米子と松江は一つの町のように隣接する。

「水都」松江。大きな千鳥破風《はふ》から千鳥城ともよばれる松江城は全国に十二ある築城当時からの城で国宝。城を囲む内濠外濠《うちぼりそとぼり》を舟で巡る「堀川めぐり」の塩見縄手は亭々たる松が水面に大枝を伸ばし、並ぶ重厚な武家屋敷がいい。

もう一つ水都を実感するのは宍道湖《しんじこ》と中海を結ぶ大橋川にかかる松江大橋だ。全長一三四メートル。松江の人は朝も昼も夜もこの橋をわたる。海峡のように満々と水をたたえた上にやわらかな弧を描く薄ピンク御影石の和橋は、夜は中央に広がった露台《ろだい》四隅のぼんぼりに灯がともって、しばし川の情緒をたのしんでほしいというようだ。

つねに水を見ているのはある種の市民性、県民性を作るのではないか。松江は公共建築はきちんとしているが、デパートやショッピングセンター、メインストリートとなる商店街はなく、コンビニもあまりない。商業熱心とはいえないあまり活気のない町だが、そこがいい。活気やバイタリティーばかりが町の魅力ではない。安易な再開発がいかに日本の町のよき個性を失わせたか。

松江七代藩主・松平不昧《ふまい》公は茶の湯を好み、名菓を育て文化を奨励。がつがつ競争するよりは静かにおっとり日常をたのしむ市民気風を生んだ。時代遅れであろうとなかろうと松江は昔のままを続ける。私はある居酒屋で、横浜から松江に移り住んだ中高年夫婦と知り合い、ぜひ越してらっしゃいよと勧められたことがあった。宍道湖に沈む日本一の夕陽を見ていると浮世など忘れるそうだ。

松江から出雲をへて西に進む鉄道から見る日本海沿岸の美しさを知っているだろうか。いくつも続く断崖下は人の下りられない手つかずの白浜、どっしりと立つ奇岩に打ち寄せ砕ける波、起伏や出入りの多い海岸線は何百年前と何も変わっていないだろう。そうして進んだ、すぐ隣りは山口県になる益田は大きくはないがとても魅力のある町だ。まず川。ダムが一つもない高津川は何度も水質日本一になった清流で、獲《と》れる鮎《あゆ》はもちろん日本一。

「歌の聖と画の聖　ふたり眠れるこの郷に」と県立益田高校校歌に歌われるのは歌聖・柿本人麻呂と画聖・雪舟だ。人麻呂を祀《まつ》る高津柿本神社の小高い境内からは高津川の悠々たる流れが見下ろせる。雪舟は晩年を益田で過ごし、「萬福寺」と「医光禅寺」の庭を造った。大名庭園のように広大すぎない庭は、縁側に座し、美術のように眺めて見飽きない。益田からすこし足を伸ばせば、日本一の庭園という足立美術館もある。

益田には日本一の居酒屋もある。駅からやや歩いた人里離れた山裾の大きな民家に野良着の案山子《かかし》が迎える「田吾作」だ。日本一の意味は、ここは魚も野菜もすべて「活け」であるということ。女主人が毎朝四時に漁港で仕入れた活魚は、すばやく店の魚種別水槽に放たれて回遊を始める。完全透明なイカも大俎板《まないた》で暴れる鯛もすべて生きている。生きているからワタも清潔そのもので食べられる。水質を試行錯誤して高津川の鮎も活かすことに成功した。野菜は自分のところの畑に採りにゆけばよい。大きな民家の広大な台所は、煮炊きの健康さにあふれ豊饒《ほうじょう》そのものだ。

小さな遠い町・益田は、豊かで清冽《せいれつ》な自然、名庭園、土地のものをいただく生活と、日本でいちばん良い幸福が残っている。遠い地に日本の桃源郷がある。

●松江　やまいち

満々たる水をたたえる大橋川の新大橋たもとというロケーションがいい。まずは〈宍道湖七珍＝スズキ・モロゲエビ・ウナギ・アマサギ・シラウオ・コイ・シジミ〉を楽しもう。年中あるおでんも欠かせない。先代の父を継いだ息子とお母さんの温かな居心地は旅先の酒場ではいちばんうれしいもの。店を出た松江大橋ごしの夕景は日本一。

●益田　田吾作《たごさく》

板張り階段を下りた右の水槽群を見ていくつもある小部屋へ。私は小さなカウンター。活魚はもちろん自家製豆腐、山採り山菜など、できる限りを自然新鮮にこだわる姿勢は命を食す根源的な安心感となる。活鮎を開いたばかりの内臓に塩を振っただけの〈うるか〉は神々しいほどの味だ。昼の〈あじ丼〉〈いか丼〉がまた良く、私は昼もここ。

岡山　ゆたかな食材とモダンな気風

「晴れの国おかやま」と呼ばれ、年間の降水量1ミリ未満の日数が全国最多。マッシュルームの出荷量が日本一。瀬戸内海で獲《と》れる魚「鰯《サッパ》（ままかり）」を使った寿司などが郷土料理として有名（通称「ままかり」「ままかり料理」）。人口185万人強のうち、70万人強が県都・岡山市に暮らす。

岡山駅前には犬、猿を従え、肩に雉《きじ》をとまらせて小手をかざし遠くを眺める桃太郎の像が立つ。少し離れて弊衣破帽《へいいはぼう》、高下駄にマントで昂然《こうぜん》と腕を組み肩をそびやかす岡山旧制第六高等学校の学生の像も立つ。岡山は旧制高等女学校もはやくからあって女子進学率はきわめて高く、教育の盛んな県民性と言われる。教育の盛んな県は進歩的だ。

駅から真っ直ぐ進むと岡山城だ。天守閣は市内の旭川が大きくカーブする内側に建ち、川が濠《ほり》の役をはたして美しい。対岸の日本三大名園の一つ「岡山後楽園」はあまり高低差をつくらずに広く、おおらかな風がある。

岡山は、おだやかな瀬戸内海に面して気候温暖、自然災害の少ない県として知られ、豊かな海産物、農産物、そしてフルーツ王国だ。魚は〈サワラ〉を珍重し、岡山では鯛よりもマグロよりもサワラは偉い。さらに下津井の〈タコ〉、料理通に知られる〈黄ニラ〉、果物は〈マスカットぶどう〉や〈白桃〉〈メロン〉。豪華な〈まつり寿司〉、名物〈ままかり〉などなど。安全に暮らしやすく、おいしいものにこと欠かない理想的な地と言ってよく、加えて岡山にはどこかモダンで合理的な都会的気風があるのは外国航路の神戸に近いからか。

教育県なればとも思える学生服産業が昔から盛んで、その技術を生かしたジーンズの生産地として知られ、デニム生地は世界トップクラスという。岡山に生まれた石津謙介は戦前の国際都市・上海で本場の洋服を学び、五〇年代に「ヴァンヂャケット」を創始。「VAN」のロゴは日本の男性ファッションに一大ブームをおこした。

隣りの倉敷は観光旅行に最適な地で、世代を問わずたいへん人気が高い。重要伝統的建築保存地区の、ゆるやかに小舟が行き来する掘割運河は、柳並木に白壁造りなまこ壁の商家が映え、とりわけ夜のライトアップは美しい。竜を筋彫した石の唐橋の向かいにギリシャ神殿風の「大原美術館」が建つあたりは、日本、中国、西洋が集合したようだ。

明治大正にかけて倉敷を支えた倉敷紡績（クラボウ）の大原総一郎コレクション・大原美術館は名品ぞろい。その世界的名品があるため倉敷は空襲を免れ、美術が町と人を守ったという意味は大きい。クラボウは戦後閉鎖した赤煉瓦《れんが》の純イギリス風工場をホテル、学館、美術館などの文化施設「倉敷アイビースクエア」に再生した。文化を尊んだ先人は岡山の県民性を育んだと思いたい。

●岡山　小《お》ぐり

毎日書く正面の長い巻紙品書きは、旬のあらゆるものが並び目移りして困る。季節に一瞬だけの〈女《めん》べか〉は可憐な子持ちイカの刺身。サワラは薬味満載の〈さわら叩き〉がおすすめ。煮魚に入る黄ニラはご当地ならでは。清潔で品のある店内、奥座敷の居心地は申し分なく、産物豊富な岡山を満喫できる名割烹。酒の揃《そろ》いもたいへん良し。子育てしながら店を手伝う美人奥様もまたたいへん良し。

●倉敷　鬼《おに》の厨《くりや》　しんすけ

重要文化財・大橋家住宅長屋門の一部を使った居酒屋で、履物を脱いで上る板座敷。時季の〈イイダコ〉〈シャコ〉などを目の前のカウンターでさばいてゆく。禿頭《とくとう》猪首《いくび》、ぎょろ目の主人は鬼顔だが童話の「泣いた赤鬼」で人が良く、女性ファンも多い。日が暮れた板の間にかがり火行灯《あんどん》がともるとまさに鬼の酒宴。大鬼、小鬼、娘鬼がくるくる働く。

●倉敷　八重《やえ》

美観地区の一角、重厚な瓦屋根に立派な扁額の上がる風格ある一軒家は、網代天井、細割竹腰壁など店内もすばらしい。紺暖簾「瀬戸の魚料理」どおりガラスケースはぴかぴかの魚でいっぱいだ。名物ままかりは酢漬けの他に丸焼き〈焼ままかり〉もいい。タコの名漁港下津井のタコ、煮魚好きには〈ゲタ煮魚〉は必食。地元の尊敬を集めて五十年以上続く良心的老舗。

●倉敷　新粋《しんすい》

美観地区に平行する街道・本町通りの中ほどに赤提灯が下がる。大きなL字カウンターに並ぶ大皿料理は、春先の〈子持ちいいだこ〉〈いかなご釘煮〉が瀬戸内の味。酢みそでいただく〈べらた〉は穴子の稚魚。倉敷の良さは路地文化という主人は陶芸や木工もこなし、上の棚にならぶ四〇〇個もの盃も見もの。文化都市倉敷で主人相手にゆっくりやる一杯にふさわしい。

広島

瀬戸内の魚と広島人気質

人口275万人強。県都・広島市は中国・四国地方最大の都市で、人口120万人弱。西部は「安芸」、東部は「備後」と呼ばれ、方言や文化の一部に違いが見られる。お好み焼や牡蠣《かき》などが名物として有名。瀬戸内海に面し、年間を通して雨量が少なく、レモンの生産量が日本一。

映画『仁義なき戦い』シリーズで広島弁はいちやく有名になった。「わしゃーそうじゃけん」と、方言を少しも恥じずに思うことをピシャリと平手打ちするような物言いは、「私はそう思うんですけど、いろいろな見方もあっていいと思います」などとごちゃごちゃ言い訳のながいインテリ言葉の対局で、女性にもファンが多い。

よってどうしても暴力的なイメージがわいてしまうが、ここでは広島の劇作家、故・土屋清が構想した市民参加劇から生まれた市民楽団「広島ちんどん倶楽部」が一生一度と自主制作したCD「うちら・わしらの ひろしま応援歌」を紹介したい。

1
チンチン電車　始発は宇品《うじな》
汐風のせて　ノロノロと
時代遅れの　心地よさ
寝息のリズム　昔のまんま
響け響け　響け僕らの応援歌

2
「お好み」熱く　井戸端会議
ビール片手に　泡が飛ぶ
広島元気　意気高く
ソースの匂い　文化の味よ
響け響け　響け僕らの応援歌

3
街の片隅　小鰯《こいわし》売りの
手さばきかるく　しみじみと
人の情けが　行ったり来たり
しわがれ声は　年季のしるし
響け響け　響け僕らの応援歌

4　川面に浮かぶ　かき舟小舟
相生橋の　八月は
哀しみ色に　染まる朝
水の流れに　こころを寄せて
響け響け　響け僕らの応援歌　（詞：池田正彦　曲：山上茂典）

3番の小鰯とは広島名物の小さなカタクチイワシで、獲《と》れたてをさっと指でさばいて生姜《しょうが》醤油で食べる〝七度洗えば鯛の味〟と言われる名物。4番の歌詞は説明の必要はないだろう。私はこの歌に今の広島の県民性がよく出ていると思う。

起伏のきつい海岸の町・尾道は、尾道水道をはさんですぐ前の向島につねに渡船が往復する、のどかで物語的なとても良いところだ。

〈海が見えた、海が見える、五年振りに見る尾道の海はなつかしい〉

トランクを道に置いて着物でしゃがむ、尾道出身・林芙美子の像にはこの文が記される。尾道の風光を愛した文学者は多く、山をたどる「文学のこみち」中腹には志賀直哉の旧居もある。尾道出身の映画監督・大林宣彦の『転校生』や『さびしんぼう』の尾道三部作に出てくる人はみな心優しい。古い商店街や、木造二階家が軒を接する海寄りの街はノスタルジーに包まれる。大都市大阪・神戸の流れをくむ岡山にくらべ、『仁義なき戦い』は別として、広島は瀬戸内ののどかさがあると思う。

●広島　なわない

ビルの地下、白壁に穴をぶち開けた強烈な入口をまたいで入ると、古材のカウンターや小さな上がり座敷のリラックスできる店内だ。名物〈小鰯〉はあれば必ず、瀬戸内名品〈鯛カブトの骨蒸《こつむ》し〉は大きいので三人ほどで食べられる。仕上げはこれも名品、広島菜と熱々ご飯を広島海苔で巻いた〈江波巻〉だ。広島気鋭の人たちが集まる活気がとてもいい。

●広島　こでまり

広い玄関に地酒「千福」の薦樽《こもだる》。カウンターに立つ丸刈りにそろいのハッピ二人は一目で親子とわかる。瀬戸内の魚をはじめ一〇〇種もある品書きは〈あなご肝ポンズ〉〈ひらめ肝ポンズ〉〈鯛皮ポンズ〉などポン酢でいただくものが多い。広島名物〈夜泣き貝刺〉があれば絶対注文すべし。さらに誰もが注文する主人渾身創作の〈煮あなご蒲焼〉はまぎれもない名品。

●広島　こまき

繁華街・流川通りの飲食ビルの一階。カウンターに並ぶ〈根菜きんぴら〉〈鶏きも煮〉〈鶏肉と白ネギの塩昆布炒め〉など、湯気をあげる大皿家庭料理はすべて注文したくなり、それに応えた味に涙ぽろぽろ。白割烹着女将は世話好きで優しく、毎日書くお手紙つき品書きもなごむ。広島単身赴任者のわが家といわれるのも全く納得だ。

●尾道　たまがんぞう

海岸通りの古い煉瓦《れんが》ビルの二階。尾道水道に面した窓から往来する渡船を眺めるロケーションがいい。瀬戸内の魚を中心の酒の肴《さかな》がおいしく、軽く炙《あぶ》った尾道名物の干物〈でべら（タマガンゾウビラメ＝店名）〉は必食の名品。むしるのが難しいがやってくれる。地酒「天寶一《てんぽういち》」の磁器樽《たる》などを飾る店内はノスタルジック。一階のレトロ雑貨屋も楽しい。

山口　長州藩の県民性

中央部を中国山地が横切り、北に日本海、南に瀬戸内海、西には関門海峡と、三方を海に囲まれる。県都・山口市は「西京」（西の京都）とも呼ばれる。本州西端にある下関市はフグの取引量が日本一で、フグを使う「ふく料理」が有名。県花は夏みかんの花。人口１３０万人強。

山口県の県民性というと、どうしても幕末・明治維新の長州藩になる。八人の首相を生み、ほとんどが官僚か軍人出身だ。私の世代でも岸信介、佐藤栄作、安倍晋三の三人がいるけれど、尊大な国粋主義で他の意見に耳をかさず、自分中心に独走する自己過信した人物が私は大嫌いだ。これで県民性を決められたら迷惑だろうけれど。

また県民性の本に、〈県人会のなかでも山口の防長倶楽部は特異である。政治家、政治家秘書、社長クラスの名前だけがズラリと名簿には並んでいるし、こうしたエリート間のタテの結合は大変強い。しかも会の目的がここだけは、「愛国心……民族意識……」と勇ましい。〉（『県民性』祖父江孝男著）とあり、最もつきあいたくない連中だ。

海峡をはさんだ下関の町は、対岸の門司と指呼の距離で九州の風が吹いてくる。港の市場はおいしいものを食べさせる気軽な店がならび、どことも変わらない活気があった。

●下関　三枡《みます》

駅前の大衆酒場。通り奥の玄関まで、うに、いか、あじ、さざえなどと誘うように電灯に字が入る。ガラスケースには皿盛りした刺身がならぶ。下関は駅の食堂にもフグがあり、ここにももちろんだが、〈金太郎〉など山陰の小魚がおいしく、ひれ酒で楽しもう。昭和二十七年から続く古い店で、常連親睦会が三十年以上も続いているというのが信用を物語る。

徳島　踊る阿呆に飲む阿呆

人口約70万人。中央部を東西に吉野川が流れ、河口部に人口約25万人の県都・徳島市がある。鳴門海峡の渦潮《うずしお》にもまれた「鳴門わかめ」や、サツマイモの「鳴門金時」が有名。「阿波尾鶏《あわおどり》」は地鶏肉のジャンルで出荷量が日本一。県花は「酢橘《すだち》の花」で、酢橘は徳島生まれの柑橘《かんきつ》類。

四国四県は、四国山地を脊梁《せきりょう》に相互の交通が難しく、紀伊水道、瀬戸内海、豊後水道、太平洋と向かい合う海も異なるため、それぞれ固有の県民性を持っている。

近畿と向き合う徳島県は、良く働く県民性で「思いがけない大金が入ると、散財でも貯金でもなく、それを元手に商売を始めてもっと増やす」と言う。あるいは「讃岐《さぬき》男に阿波女」。讃岐男は物腰優美な優男《やさおとこ》、阿波女はよく働き家計をうまくきりもりする良い妻のことを言うそうだ。

徳島で名高いのは何といっても阿波踊りだ。私も現地で見たが、大きな観覧スタンドを組み、エントリーナンバーの放送つきで町内会、踊りの会、会社、大学などあらゆる連が女性の嬌声《きょうせい》もうれしく、プロ級（プロ？・）もあれば謹厳な大学先生までが次々に「エライヤッチャ」と繰り出す。幼い女の子などじつにかわいいもので、日本にこんなに全員参加のラテン的踊りがあるのかと目を見張った。メインスタンドから出発した連は、踊りながら次第に自分の町内にもどり、待ちかまえる地元の年寄りやお母さんが次々に加わる光景に感動するうち自分も引っ張り込まれ、手足ちぐはぐに踊ったものだった。古老からこれは盆を迎えた先祖を喜ばすためと聞き、さらにいいなあと思った。

つらい事もある日々を、年に一度一区切りする日本の祭や正月、あるいは西欧のクリスマスは人間の知恵かもしれない。地元の祭がしっかり継承されている地は安定していると言えるのではないか。年一度、浮世のあれこれを忘れ、自分たちの仲間を確認して爆発的に踊るのは、よき県民性を作っていると思う。

徳島は四国八十八ヶ所霊場巡りのスタート地で、私も白衣菅笠《すげかさ》、手には杖の正装で第一番から五番まで歩いたことがあった。歩き始めの道路はやがて田んぼの間から山道に入り、身近に見る梅の花や路傍の水仙が気持ちを浄化させ、これはある年齢になって自分をリセットするのに格好だと思った。祭の知恵にも似て古来の行事にはやはり意味があると。

もう一つの徳島名物は「酢橘《すだち》」。徳島の人は刺身、焼魚、煮物ばかりでなく、うどん、みそ汁、焼酎まであらゆるものにこの緑鮮やかな柑橘を搾り入れる。そのきわめつけは、スライスに〈鳴門のうず塩〉をちょっとつけて口にする酒のあてだ。この爽やかさも県民性を作っているかもしれない。

●徳島　とくさん

〈カツオ〉〈カワハギ〉など紀伊水道の魚に加え、名品〈阿波尾鶏《あわおどり》〉焼鳥の噛み心地とジューシーな旨みはさすがだ。もも・むね・手羽先・つくねと鶏のすべてが入る〈鶏鍋〉その雑炊は万人が納得。「踊るときもこの格好」と言う豆絞り鉢巻きの老大将のもとに同じハッピで若いのがきびきび働く。地元に愛される陽気な居心地は酔うと踊りたくなる。実際にそういう人を見た。

●徳島　と丶喝《かつ》

こちらは落ち着いた割烹の雰囲気。自慢は鳴門海峡渦潮《うずしお》にもまれた〈鳴門鯛〉で、腹身は嚙むほどに品の良い味が増してやはり鯛は魚の王様だ。〈おこぜ〉一尾の薄造りは胆・胃袋・皮もたいへん美味。骨は唐揚げで。大阪出身の主人は徳島の料亭で働いて徳島の魚や渡り蟹のすばらしさを知り、大阪で店を持つのをやめてここを開いたと言った。

香川　うどん的県民性とは

「うどん県」とも言われ、「讃岐《さぬき》うどん」が有名。面積が日本一狭いが、「西讃《せいさん》」と呼ばれる西部と、「東讃《とうさん》」と呼ばれる東部で風習が異なる。人口は95万人弱。瀬戸内海で獲《と》れるイカナゴでつくる「いかなご醤油」は日本三大魚醤《ぎょしょう》のひとつ。雨量が少なく、多くのため池が点在する。

讃岐《さぬき》男は物腰優美な優男《やさおとこ》と書いたが、一方「讃岐へらこい」という言葉もある。「へらこい」は要領よく小ずるい、そういう世渡りをする人のこと。初めて高松に来たとき地元の人からその言葉を聞いた。

しかし私の印象はどちらともべつのところにあり、それは男の「讃岐顔」だ。作家・菊池寛、元首相・大平正芳、プロ野球・中西太らに共通する、ずんぐりした鈍牛、こって牛。優男の正反対だがこういうのをいい顔と言いたい。それをもって私は讃岐男のファンになった。印象は、太く腰の強い「さぬきうどん」とも一脈通じる。その心は、風采はパッとしないが毎日食べても飽きない、頼りになるところだ。

うどん店はほんとうに多く、出勤者の朝食用に朝の六時からやっている。仕組みは「セルフ」。自分でうどんをちゃちゃと茹《ゆ》で（初心者は概して茹で過ぎる）、好みの具と、とり放題の薬味を載せ、給湯器からおつゆをちゃーと注いでおしまい。カウンターの立ち食いうどんとは違い、どこの店も大規模だがそれでも行列。席がないとその場の立ち食いで済ませてさっと出て行く人もいる。朝うどんは二日酔い腹には最高です。

香川ならば金毘羅詣《こんぴらまい》り。金刀比羅宮《ことひらぐう》はお伊勢詣りとならぶ江戸の二大ツアーだ。高松城址の濠《ほり》に面した駅から終点琴平駅まで、高松琴平電鉄で小一時間。気候穏やかな讃岐平野の田園はのんびりして、点々と見えるお椀《わん》を伏せたような小山が童話的だ。終点からやや歩いて始まる参道石段はしだいに長く急になり、貸し杖もある。頂上の御本宮で手を合わせた展望台は海抜二五一メートル。讃岐富士、瀬戸大橋も見える。そうして戻って、夜は精進落しの居酒屋へ。もちろん飲んだ後はうどんでメ。

●高松　酒甫手《さかぼて》

各地の名酒をそろえたおしどり夫婦の居酒屋。主人は典型的な讃岐顔、奥様は讃岐美人。春の〈地海老のかき揚げ〉は赤い小海老と緑の空豆が美しく、〈いいだこの粕《かす》漬け〉は卵（飯）を抱いたイイダコでとてもおいしい酒の肴《さかな》だ。奥様の実家の蔵にあったという特大の銅壺《どうこ》燗付《かんつ》け器は立派。春に数カ月も飾る雛壇《ひなだん》がとてもよく、讃岐の優しい心を感じる。

●高松　美人亭《びじんてい》

スナックビル一階通路の小さな居酒屋は瀬戸内の魚の信頼あつく、日本中から客が来るようになった。ガラスケースの豊富な魚は刺身・焼き・煮魚となんでも注文に応じる。春先の瀬戸内名物の小魚〈いかなご〉は十センチほどの肢体美しく、軽く炙《あぶ》って最高。私が必ず頼む〈ほご煮魚〉も絶品。店名は「美人同伴でどうぞ」の意だが店内にすでに居ます。

愛媛

文人の気風と南国の風土

瀬戸内海に面した「東予」「中予」と豊後水道に面した「南予」で気候が異なる。地魚を使った揚げかまぼこ「じゃこ天」は南予地方の郷土料理。県魚でもある真鯛は養殖生産量が日本一。農作物では柑橘《かんきつ》類の栽培が盛んで、特に「いよかん」の生産量は日本一。人口130万人強。

チンチン電車で、温泉浸《つ》かって、俳句ひねって、みかん食べて、夜は酒。愛媛県で思い浮かぶのは、ゆったりのんびりするものばかり。県民性もさぞかしと思うがその通りだ。

聖徳太子も入り、万葉歌人・山部赤人も文に書いたという道後温泉は日本最古の温泉で、望楼塔の風格ある木造三階建ては国の重要文化財。重要文化財の風呂に入れるのはここくらいではないか。日本唯一の皇室専用浴室もあり見学できる。湯は熱くもぬるくもなく、湯あたりはやわらかくいつまでもゆっくり浸かっていたくなる。明治二十七年（一八九四）制作の石造りの浴槽は格調高く、こんこんと湯を吐く巨大な湯釜の彫文「真暫寝哉《ましましいねたるかも》（しばらくねていたようだ）」はまさにのんびりした県民性か。

　松山で教鞭《きょうべん》をとった夏目漱石は、湯に浸るだけではなく正岡子規と交遊して俳句を学び、それは松山に文人の気風を生み、後の松山東高校に大江健三郎や伊丹十三を育てた。今や俳句の聖地でいたるところに投句ポストがあり、高校生対象の「俳句甲子園」は熱戦ときく。私もＮＨＫ松山放送局の番組「俳句王国」に二度ほどゲストで呼ばれ恥をかいたことがあった。

　俳句は基本的に季語を入れて花鳥諷詠《かちょうふうえい》を詠むもので、短歌のように後段で自分の気持ちを歌わない言い捨てが、まあ無責任な良いところ。これが盛んな地はそういう県民性と思ってもよいだろう。居酒屋も同じ。めぐまれた瀬戸内の魚でのんびり一杯。松山市内銀天街の左右は居酒屋だらけ。松山市駅に近い創業昭和十年の老舗おでん「赤丹本店」は午後三時から始まり、丸太を並べた板張り天井のおでん湯気で磨かれた艶がきれいだった。そしてちゃんと三時に客が来ていた。

　南伊予の宇和島は九州に面し、瀬戸内側の松山とはちがって陽光まぶしい南国の風光で、港に向かう並木は高い椰子《やし》だ。駅前の大きな牛の像は「闘牛の町」をうたい、俳句と闘牛はだいぶ好みがちがう。豊後水道は魚の宝庫で鯛と豊後鯖《さば》は名高い。生活は海とともにあり、入り組んだ湾内は波おだやかに、真珠養殖いかだが日本一の規模で浮かぶ。

食文化も独特で、居酒屋「ほづみ亭」品書きの「宇和島郷土料理」は、ふくめん、小ぶかのみがらし、にな、にがにし、走《はし》リンドウ、太刀魚竹巻、はらんぼすり身焼き、ほうたれ刺、さつまめし、ひゅうがめしなど、名前だけではわからない品がいっぱいだ。一つだけ説明すれば〈ふくめん〉は千切りしたコンニャクに鯛でんぶ・海老そぼろ・みかん皮のそぼろ・浅葱《あさつき》を彩りよくかぶせた祝料理。ん？　まだわかりませんか。

私は旅紀行の連載をまとめた本に『宇和島の鯛めしは生卵入りだった』というタイトルをつけた。『宇和島のじゃこ天は日本一』でもよかったけれど。

宇和島は遠く、行きにくい所にある。それだけに世の流れから隔絶した良さが続いている。島根県益田と同じで遠い所に桃源郷があり、日本もまだまだ捨てたものではないという気持ちになる。

●松山　たにた

伊予料理をうたう地元で信用厚い店。粋な主人、黒髪に白割烹着が似合うおしどり夫婦を、永年手伝うおばさんが助け、温かみのある居心地につい長居してしまう。名物〈おこぜ料理〉は刺身から唐揚げまで捨てるところがない。大勢ならば瀬戸内桜鯛一尾をまるごと使った〈鯛そうめん〉が豪華な一品。夫婦の記念旅行、親孝行の旅に最適だ。

●宇和島　ほづみ亭

〈鯛めし〉は炊き込みご飯ではなく、鯛刺身を濃いたれに浸けて卵黄を浮かべ白ご飯にかける。鯵《あじ》でやると〈ひゅうがめし〉。焼いた白身魚と麦味噌をすり鉢であたった汁を麦めしにかけるのが〈さつまめし〉。日向《ひゅうが》、薩摩《さつま》とあるように対岸九州の影響だ。座敷もカウンターも広く、主人は気さく、おかみさんは親切、板前は無口の訪ねるべき名店。

高知　不滅の酒飲み県

太平洋に面し、温暖多湿な気候。早場米が穫《と》れ、二期作も可能。なす、しょうが、ししとう、ニラ、柚子《ゆず》などの生産量が日本一。「鰹《かつお》の一本釣り」で知られ、表面をあぶった「鰹のたたき」が有名であるほか、「ウツボのたたき」も名物。一世帯あたりの飲酒費用が日本一。人口70万人弱。

高知県の県民性などわかっているという人は多いだろう。

男は「いごっそう」。頑固で絶対に自分の意見を変えず、白黒をきっぱりさせ相手にも従わせる。ふつう議論は一方が「その通りだ」と降伏すれば終わるが、高知では「その態度はなんだ」となって意味がわからなくなる。議論していることが大事なのだ。

女は「はちきん」。同時に四人の男を相手にできる丁々発止の才覚と度量。ネーミングの由来は聞いてください。

その象徴が酒席の「皿鉢《さわち》料理」で、大皿に刺身も、叩きも、煮物も、漬物も、ご飯も、ヨーカンもすべて盛り込んで、さあもう立たないぞと酒に専念する。言うまでもなく高知は日本一の酒飲み県。その酒量は秋田と一、二位を争う。秋田の場合は冬が長く外は寒いので、だらだら長く飲むしかすることがないのだが、南国高知は座敷は開け放って風を入れ、さらに外に出て月の桂浜でも飲む。名曲「南国土佐を後にして」に「鯨釣ったと言う便り」という一節がある。まさに「鯨飲」という言葉がぴったりだ。

酒の上の失敗は武勇伝とされ量も半端ではない。県民性の本にはつねに書かれるネタだが、藩主・山内容堂が藩士たちを集め「一升飲めるものは前へ出よ」と言ったが誰も出ない。「二升飲めるものは」と言うと、いっせいに一歩前進したという。その容堂自身が自らを「鯨海酔侯《げいかいすいこう》」と称した大酒飲みで、歴史の本には「酒の上の失敗多し」と書かれる。

市内の「ひろめ市場」は広い屋根の下に海産物や惣菜や食堂が迷路のようにならび、中央は机椅子を並べた広場で、周りから買ったカツオたたきやじゃこ天で、昼間から缶ビールプシュー。明らかに昼食のサラリーマンやOLもいるがやはりプシューだ。

目抜き通りに近い居酒屋「葉牡丹」は午前十一時から夜十一時まで十二時間、年中無休営業。カウンター十七席、机三十席、二階座敷一〇〇席が昼間からどんどん埋まってゆく。店内は限りなく騒々しく、女子会など珍しくも何ともなく、隣りが男の団体ならすぐ一緒の宴会になる。そうなるとコレと思う男女同士の抜け駆けがありそうだがそうならず、あくまで大勢で飲みたいようだ。東京あたりの若い男は彼女を酒に誘うのが言いだせなくてと小心者だが、高知では考えられず「一杯飲まんね」「いくいく」と全く日常のことだ。さらに夕方。居酒屋は山のようにあるにもかかわらず、追手筋前の大通りは屋台が並び、餃子、おでん、ビール、ラーメンで不夜城の受け皿となる。OLの深酒は当たり前で全くたのもしい。

——そういう所です。

やや視点が変わるが、私は飛行機でも船でも四国の土を踏んだ瞬間に、強い霊感を感じ、日本ではない所に来た気持ちがする。景色も外国のように見え、それは滞在中ずっと続き、離れるとたちまち消えて、あ、日常に戻ったと感じる。八十八ヶ所霊場のためかはわからない。日常の日本を自然に忘れさせるトリップ感のある四国が大好きだ。

●高知　葉牡丹《はぼたん》

カツオたたきはもちろん、どろめ、ちゃんばら貝、鯨カツ、うつぼ唐揚げ、土佐巻、オムライスなどメニューは一五〇もある。「ご宴席は二時間まで」の貼紙は入りたい客がどんどん来るからだ。日本酒は一合二八〇円と超格安。小太り丸顔、頭つるつるの大将の「いくらでも飲め」の笑顔うれしく、わいわいがやがやどんどん飲む高知居酒屋の真骨頂。

●高知　タマテ

高知飲み屋街真ん中の「55番街」にある八十年以上になる老舗割烹。入口のカウンター席では一人でも気軽に飲める。並ぶ品書きは〈生ちり〉〈ナガレコ煮〉〈天然クエ鍋〉など高知の美味ばかり。青じそ・茗荷《みょうが》・玉葱《たまねぎ》・ニンニクたっぷりに、ちり酢（ぽん酢醤油）の正調〈鰹のたたき〉はここが一番だ。皿鉢で賑やかにもいいが、旅情を味わうにはカウンター酒だ。

●高知　黒尊《くろそん》

中心街を少しはずれた「宵まち横丁」は小さな飲み屋の並ぶ地元ご用達の古い小路。

鰹サクに粗塩を振って高熱ガスでガーと表面を焼き、すぐ切る焼き切り〈鰹塩たたき〉はここが元祖。これが必ず入る〈刺身盛り合わせ〉がお徳用だ。店名は主人の出身地、四万十川上流黒尊渓谷のこと。高知は太平洋のイメージが強いが、後背《こうはい》の山地は今なお野生の息吹が残る秘境。最後の清流・仁淀川《によど》の鮎《あゆ》もぴかぴかだ。

九州・沖縄

福岡　ラテン気質と九州濃度

人口500万人強。九州経済の中心で、九州最大の都市である県都・福岡市には160万人強が暮らす。「はかた地どり」などを使った鍋料理「水炊き」や、豚骨ベースの「博多《と》ラーメン」のほか、「もつ鍋」などが名物。玄界灘で獲れる海の幸にも恵まれる。「八女《やめ》茶」も有名。

朝鮮、中国が近く、はやくから大陸文化とつながってきた福岡は開放的であることに慣れてきた。それはまた新しもの好き、熱しやすく冷めやすい、目立ちたがり屋の性格をつくった。祭や芸事の盛んなところで、熱中する気質を「博多のぼせもん」と言う。

よってもって福岡出身の芸能人は多い。郷ひろみ、井上陽水、鮎川誠、武田鉄矢、氷川きよし、藤井フミヤ、梓みちよ、中尾ミエ、山本リンダ、松田聖子、小柳ルミ子、仁支川（西川）峰子、浜崎あゆみ、タモリ、小松政夫、イッセー尾形、陣内孝則、高倉健、千葉真一、草刈正雄、米倉斉加年《まさかね》、細川俊之、妻夫木聡などなど。今も音楽や芸能で一発のしあがろうと、夜の那珂川《なか》の春吉橋で地面に座り込み、ギターで歌う若者が絶えない。

一方「食都」。辛子明太子、鶏の水炊き、一口餃子、もつ鍋、豚骨ラーメンなど、福岡発全国区となった食べ物はいくつもある。共通するのはインパクトの強さ。居酒屋「寺田屋」の大将から「博多の味は辛いものは辛く、濃いものは濃く、白黒はっきりせんと喜ばれん」と教わった。

居酒屋の最大特徴は、夕方になると一斉に準備の始まる屋台だ。市内に屋台街がこれだけあるのは日本でここだけで、開放的な居心地は博多の酒飲み気質をつくった。

それは屋台で外酒する同士は肩書き無用の裸のつきあいということ。ただし長幼の序はしっかりあって、年長が知らぬ若い者に「一杯やれ」とビールを注ぐのは当たり前。若いのも悪びれず受け、ときに年長から「そんな飲み方しちゃいかん」と説教されるが、すぐ「ということでもう一杯」シャンシャンとなる。屋台で酒の飲み方を教わったというのは博多の男からよく聞く述懐だ。

また、知らぬ同士がすぐ「友達ばい」と意気投合するが、翌朝はけろりと忘れて「あんた誰や」になる。東北の人は無口でなかなか打ち解けないが、気を許すと律義に続くのとは大違いだ。東北人と福岡人が屋台に並ぶと見ものかも知れない。祭好き、インパクトある食べもの、外で飲むのを好む、開放的な性格、などはラテン的気質の県民性といえるだろう。

北九州小倉は、炭鉱景気、八幡製鉄所の二十四時間稼働、その石炭輸送や玄界灘漁業の大型港として活気づき、川筋《かわすじ》気質といわれる男っぽい仁俠《にんきょう》の気風を作った。

小倉生まれで玄海育ち
口も荒いが気も荒い

村田英雄の熱唱に歌われる「無法松の一生」は小倉生まれの作家・岩下俊作の名作で、荒くれ男の中に気高い魂があるという主人公は日本で最も人気のある男像かもしれない。

市内、紫川支流の舟運荷揚場が魚市場に発展したのが「旦過《たんが》市場」だ。市場好きの私が選んだ日本五大市場は、釧路「和商市場」、秋田「市民市場」、金沢「近江町市場」、大阪「黒門市場」、小倉「旦過市場」。

いずれも市民生活に密着しているのが条件だが、旦過市場の幅せまくゆるやかに曲がる通路の両側は、食品、洋品、雑貨など個人商店ばかりが軒をつらね、朝から夕方いる町だ。

までにぎわう。横に入ったY字の一角は一番古いままの木組み天井に裸蛍光灯が懐かしく、乾物「岡本商店」の、天狗印奈良漬、カモ井の佃煮など、十いくつも並べた古い木彫り看板がすばらしい。清酒看板をいくつも上げた酒屋「あかかべ」は立ち飲みが人気だ。小倉はこの「角打《かく》ち＝冷や酒を枡の角から飲むのをこう言った」立ち飲みが盛んで、それは製鉄所全盛時代・昼夜三交代制の朝方終業者のためだった。「三十分以内」の貼紙があるが、かつてはお釣りを渡す前にツイーと飲み終わっていたと言う。古い建物は戦後に役目を終えた小倉練兵場の軍馬舎の移築というのも興味深い。

日本でいちばん古いアーケード商店街「魚町銀天街」真ん中の、小倉名物の居酒屋「武蔵」は、角地に立つ大楼で玄関も二つあり、一階カウンターよりも二階の大広間からどんどん埋まってゆく。何十畳もの畳座敷に衝立《ついたて》で適当に仕切った座卓が十いくつも置かれ、中高年も、若いのも、男女カップルも、女子会も、広間で一堂に飲むのが小倉流。一人酒は似合わず「おーい、こっち来いや」とたちまち仲間だ。男たちの体を張った仕事はつべこべ言わず仲間とがんがん飲んでまた明日、の気風を生んだのだろう。小倉は「男は男らしく、女は女らしい」古きよき九州濃度がしっかり残っている町だ。

●福岡　さきと

カウンター一本、酒と肴《さかな》の達筆品書き。それだけの店がじつにすばらしい。冬の〈赤ナマコ〉のみごとな極薄切り。博多名物の〈ごまさば〉はその最高峰。さらに鯛の〈鯛ごま〉、これをご飯にのせた〈鯛ごま茶漬け〉。玄界灘の魚は味の強さがあり、目の利いた仕入れと名調理で存分に味わえる。ここを目指して全国から客が来る九州居酒屋の頂点。

●福岡　寺田屋《てらだや》

細路地の奥の木戸に腰をかがめて入る隠れ家アプローチ。ガラスケースはピカピカの玄界灘の魚、大皿には博多の〈がめ煮〉などうまそうな品が並ぶ。刺身、煮物、煮魚など、何でもちょっぴり辛めに仕上げるのが地元客へのコツなのだそうだ。「兄貴」と呼びたい若主人は生粋の博多っ子、小さなカウンターを囲む客はすぐ仲間になる。

●福岡　酒肆《しゅし》　野《の》一《い》色《しき》

落ち着いて料理を楽しむには二階の小さなここがいい。定番〈くじら入り盛り合わせ〉はよく寝かせた六種刺身に仕事を加えてみごと。何気ない自家製〈かまぼこ〉は薬味各種がシログチすり身に透けて味香りは絶品。福岡育ちの若主人は「博多の酒飲みは義理堅いが手を抜くとすぐ怒られる。情に厚く、もう毎日一生懸命やるしかないです」。白割烹着の美人女将は「博多男は飲むと気が大きくなり、おごっちゃる」と格好つけるが、家に帰ると奥さんに謝ってる」と笑う。博多若夫婦の意気やよし。

●小倉　武蔵《むさし》

黒札の品書きはここまで二〇〇円、ここまで三〇〇円と大ざっぱ、コマカイことは言わない。小倉名物のぬかで炊いた〈いわしのじんだ煮〉は濃い味で酒がすすむ。美人おかみさんは東京から嫁いできたが、人柄温かく情の厚い気風にすぐなじんだそうだ。「小倉の女は?」と聞くと「気は強いが、男を立てる」と即答。私はそこに「美人」を加えよう。

佐賀　律義できちょうめん、が生んだもの

人口約80万人。玄界灘に面した北部と、有明海に面した南部に分けられる。遠浅の有明海では海苔養殖が盛んで、板海苔の出荷量が日本一。干潟にいる小さな蟹を漬けた塩辛は「がん（がに）漬」と呼ばれる。玄界灘で獲《と》れる水産物では「呼子のイカ」が有名。鯛の消費量が日本一。

県民性の本を開くと、佐賀県については何も書くことがなく困っている。「律義できちょうめん。自己主張少なく、社交性に乏しい」「融通のきかない堅物の、ふうけもん」「無駄遣いが大嫌いで、佐賀もんの通ったあとには草も生えん」と筆致は冷淡だ。

私の見方はちがう。

佐賀は人間国宝もいる陶磁器王国だ。陶器の唐津焼は使うことで風合いが増し、茶器や酒器に絶大な人気がある。唐津焼の作家ものを使えば料亭も一流とみなされる。磁器の有田焼・伊万里焼は、藍染付の家庭食器から絢爛《けんらん》豪華な大皿、花器、壺《つぼ》まで日本の焼物芸術の最高峰。鍋島藩の藩窯でつくられたものは「鍋島様式」といわれ、

皇室に納められたものを「禁裏《きんり》様式」と呼んだ。江戸時代後期に各地で磁器生産が始まるまで有田は日本国内唯一、長期にわたって磁器の生産を続けた。江戸時代から欧米に輸出され、明治期の万国博覧会で名声を得ると驚異の目で見られて一大輸出産業となり、その技法はドイツ・マイセン窯を育てたとも言われる。私はマイセンの陶磁博物館で最大の敬意をもって明治の伊万里焼が展示されているのを見た。

これを作る職人に前述引用の県民性「律義できちょうめん。自己主張少なく、社交性に乏しい」はぴたりのはずだ。伝統的で精密を極めた図柄を描く緻密《ちみつ》な作業は一点の誤りも許されない。無口に仕事にうちこむ職人に社交性は乏しくて当たり前。「融通のきかない堅物」は職人の誇りだ。前記本は「葉隠といっても昔の話で」と冷ややかしているが、「己を義の奉公につかう」葉隠精神は、この職人たちに脈々と伝わっていると思いたい。

佐賀の市内は落ち着いて昔の風を残し、地に足のついた平穏は、余計な欲をかかず地道に生きる気質のあらわれに見える。昔風の町に生まれて、そこに死ぬ人生は案外理想なのではないか。

食べ物については、遠浅の有明海は他にない名産品の宝庫だ。平貝《たいらぎ》、揚巻貝《あげまきがい》は最高峰。蟹（シオマネキ）のガニ漬は酒飲み最高の珍味。しかし無用な干拓事業により、ともに絶滅寸前なのはまことに痛い。バカ役人はすみやかに諫早ゲートを開いて、佐賀の豊かな海産物を復活させよ！

●佐賀　ふるかわ

ビル二階の小さな店で佐賀の味を満喫できる。舌ビラメに似た〈クチゾコ〉の薄造りはコチに似て、オレンジ色の真子（ウニに似た味）を包んで食べる。平貝はまだ貴重な有明海産がある。ガニ漬を豆腐にのせた〈ヨコバイ豆腐〉は地酒がぴたり。正直律義な主人は「佐賀にはおいしいものがあるんですよ」と力をこめる。

●唐津　大八車《だいはちぐるま》

両親と息子夫婦の店内は気取りのない活気がみなぎる。有明海の名品平貝〈タイラギ貝柱炙り〉は必食。名物〈大八すりみ天〉は玄界灘の白身魚いろいろ。さらに柔らかな気品ある旨みの〈唐津産板うに〉を、日本一の佐賀海苔で巻いて食べる至福。地酒「万齢」を、祖父は人間国宝の「隆太窯」の刷毛目盃でいただくぜいたく。二階は私の好きな戦前の日本酒ポスターがずらり飾られ、天井裏には本物の大八車が下がる豪快さ。「唐津くんちに来たらうちに泊まってくさー」と笑う若女将に惚れました。

長崎　男は親切、女は美人

円卓を囲んで大皿料理を楽しむ「卓袱料理《しっぽく》」のほか、麺料理の「ちゃんぽん」や「皿うどん」が有名。ボラの卵巣を塩漬けにした「からすみ」も名物。大半が半島地域と離島で海に囲まれており、漁獲量が全国3位。鰯《いわし》の煮干しの生産量やビワの収穫量が日本一。人口130万人弱。

古代から大陸との往来があった長崎は、江戸の鎖国時代もわが国の海外窓口として、中国、朝鮮はもとよりオランダの南蛮文化や異人が往来した。

幕末安政六年（一八五九）の開港によりロシア、イギリス、オランダ、アメリカなどと自由貿易が始まるとホテル、国際銀行、貿易会社、劇場、バーなどが異国風の町並みをつくり、山手の外国人居留地には教会、ミッション系の学校、社交場などがつくられてエキゾチックな雰囲気を生み出した。

いちはやく日常となったのは中国文化だ。日本に中華街は三つあり、最も大きな横浜は東西南北に門を建てて中国色がつよい。神戸は南京町だけではなく本格中国料理名店が町全体に浸透。長崎は長崎風に工夫された中国料理が特徴。その代表が〈長崎ちゃんぽん〉で、昔から長崎は中国留学生が多く、華僑が彼らのためにありあわせの具で汁そばを作り「セアポン（飯食え）」とふるまったのが評判になり、いつしか料理名「ちゃんぽん」になった。

こういう諸外国の文化や人々に慣れた長崎人は開放的で「男は親切、女は美人」という県民性になった。道を尋ねると探す所まで連れていってくれるのは普通。町を歩けば五分に一人、いや三分に一人の割合いで美人が見つかるのは本当です。

私事で恐縮だが私の母は長崎出身で、戦前に私の父が赴任していた中国で見合い結婚。敗戦直後に北京の日本人収容所で私が生まれるのを待ち、両親はたいへんな苦労で日本に引揚げ、その後父の実家の長野県で新生活が始まった。私が小学五年生の時、母の父の葬儀のため家族は引揚げ後はじめて長崎を訪ねた。山国長野から海のある長崎は子供の私には興奮すべき大旅行だ。そのときの、謹厳頑迷な長野県人とはちがう、長崎の母の家族の人間的で明るい温かさは子供心に大きな印象を残した。以来私は長崎にたいへん良い思いをもち、縁戚の減ってしまった今も何かといえば出かけてゆく。港のロマン、エキゾチックな町並み、おいしい料理。長崎の観光人気はいや増しているそうだが、訪れる人を親切に迎え、女性は美人となればますます続くだろう。思案橋横丁を中心に居酒屋はとても多く、どこの店も家族を迎えたような気さくな応対がうれしい。

五島列島には大小一五〇あまりの島があり、かつて遣唐使が往復に寄港する島として重要だった。十七世紀、幕府の禁教令が発布されると、本土の信者は天草や五島へ渡り、隠れキリシタンとして教会を建て信仰を続けた。今は「長崎と天草地方の潜伏キリシタン関連遺産」として世界遺産になった。そのいくつかを訪ねた私は、離島に守られた安息感ただようたたずまいに、信仰に生きた人々の気高さを知った。長崎県はそういうところだ。

●長崎　安楽子《あらこ》

思案橋すぐ近く、通りから一つ入った小路の絶好の一角。長崎の魚が豊富に並び、五島鯖《さば》は味が濃く強く、鯨は〈おばいけ＝ちりちりにゆがいた白い脂〉はじめ各部位がそろう。創業五十年ほどの店内は清潔に磨き上げられた艶が美しく、気さくな主人、英国風美人の奥さん、ハンサムな息子、愛らしいお嫁さんの家族経営はまさしく「男は親切、女は美人」。

●長崎　朱欒《ざぼん》

長崎くんちで有名な諏訪神社下の上品な一軒家。長崎らしい南蛮風ランプや、ハタ（凧《たこ》）など置いた高級民芸の店内は白洲正子好みと言おうか。母、おかみ、娘と女三代で七十年近く続く老舗。「これだけは召し上がっていただかな」と言う母自慢の〈ざぼん揚〉はエソ・甘鯛など時季の魚のすり身揚げでニンニクが隠し味。熟年夫婦旅などに最適の店。

●長崎　こいそ

思案橋グルメ通りの細小路。大阪で七年料理修業を重ねた主人の、手のかかった大皿料理は〈鶏ミンチと野菜のあご出汁《だし》仕立て〉〈きびなご煮付〉〈大村湾の姫さざえ煮付〉など地産も多い。注文をうけて揚げる〈エソとタラのすり身揚げ〉はあっさりしなやかなおいしさ。若々しいアイドル型丸顔奥様は長崎美人。仕上げに五島うどんが待っている。

●五島　寄《よ》り処《どころ》　満《みつ》

漁師の兄が獲る魚を食べさせようと弟が始めた店。〈刺身盛り合わせ〉は大皿に色鮮やかに五島牛も入って信じられない超大盛りで「島まで来てくれたのだから、せめて大盛りに」と笑う。味は兄の保証付き。五島名物〈箱フグ〉は四角い一尾の腹にほぐし身や葱を味噌で和えて詰め、腹を上に焼いた漁師料理で野趣満点。

●五島　溜《たま》まり茶屋《ぢやや》　し喜《き》

広い板座敷に円座を並べた落ち着いた居心地。まずは〈一夜干し塩あご〉、そして〈クエの肝皮和え〉〈キジハタあらだき〉に進もう。稲作をしない五島には酒蔵がなかったが、当店主人がさつまいもで始めた焼酎「五島灘」は、黒麴・白麴・夕なぎなど各種が楽しめる。気っぷの良い女将、男前の息子主人、美人奥様に子供たち、島は人を迎えるのが嬉しいという気持ちがあふれる。

大分　ユニークな食べ物が多い温泉郷

豊後水道を挟んで四国と接し、その最狭部である豊予海峡で獲《と》り佐賀関港に水揚げされる鯖《さば》や鯵《あじ》は「関さば」「関あじ」と呼ばれる。別府湾の城下《しろした》海岸で漁獲される「城下カレイ」も有名。柚子《ゆず》に似た柑橘《かんきつ》類「カボス」の産地としても知られ、生産量が日本一。人口110万人強。

九州七県のうち大分県だけは瀬戸内文化圏に入り九州濃度がうすい。「じゃけん」「のう」と言葉も広島弁に近く、関西のお大尽が日本一の温泉郷・別府温泉に遊覧船でやってきて温泉に浸《つ》かり、少女歌劇を楽しんだ。

また他県にはないユニークな食べ物が数多い。郷土料理〈りゅうきゅう〉は、大きな擂《す》り鉢の白ごまのたれに刺身を浸しておき、一家の主人はこれで晩酌、家の者はご飯にのせて食事とする。〈だご汁〉は、手びねりでよれて長い幅広うどんを野菜いっぱいの薄い味噌仕立てに煮て、後半カボスを搾るとまたよい。どちらもその家の味をもつ家庭料理だ。カボスは名産で、毎年冬にはどこの家もカボス酢を搾り、ぽん酢などで一年中つかう。徳島の酢橘《すだち》と同じに大分は何にでもカボス。左党は麦焼酎に搾り落すとたまらない。

国東《くにさき》半島は鉄砲撃ちが多く、大分では野鴨をよく食べる。鴨肉・青葱《あおねぎ》・ごぼうをぐつぐつ煮た〈かも吸《すい》〉は絶品だ。刺身をおから（きらす）で和えた〈きらすまめし〉、淡く甘いお菓子〈やせうま〉、ただ焼くだけがとてもおいしい椎茸。その干し椎茸〈どんこ〉は中国人料理人が爆買いしてゆく最高級品。〈鳥天〉はあの店がうまい、いやここがと競う人気商品だ。知事が提唱した「一村一品運動」は豊後牛、各種野菜果物、乾物など土地の名産をいくつも生み、もちろん関あじ・関さばはブランド。城下《しろした》カレイ、臼杵《うすき》のフグは超高級品。御禁制のフグ肝もどうやら食べていたらしい。

年中安定した温暖な気候のもと、温泉に浸かってうまいものを食べて暮らす。大分の人は何かにつけて「気がすすまない」意の「よだきい」という言葉を連発して誘いを断る個人主義で、協調性がないと言われるが、気のすすまないことをする必要がないのだ。これは関西の本音主義にも通じる。

別府温泉にはリタイア組の老後マンションがたくさんあるそうで、朝起きて、夕方に、そして寝る前にと一日三度温泉に浸かって病気一つしないと言う。私なぞはまことに魅力を感じている。

●大分　こつこつ庵《あん》

県庁と大分合同新聞の高層ビルの前に建つ、ホーロー看板で外壁を埋め尽くした切《きり》妻《づま》二階の大館こそ大分の名物居酒屋「こつこつ庵」だ。店内がまたすごく、看板、古ラジオなどの昭和コレクションはまさに博物館。ここの〈りゅうきゅう〉は関さばだから上等。〈だご汁〉には絶対の自信。ちょび髭《ひげ》が愛敬《あいきょう》の引退した先代を息子が継いで一安心だ。

●別府　チョロ松《まつ》

名物〈かも吸〉は、先代おかみが子供たちに食べさせていたのが始まりで広まった傑作。誰もが注文する〈とりもつ〉はさっぱりときれいな味。焼きながら刷毛《はけ》で日本酒を塗る〈ふぐ塩焼〉はブツを手づかみで。創業の母を継いだ娘さんの「うちの主役は、どちらも自家製する柚子《ゆず》胡椒《こしょう》と橙々《だいだい》を手搾りしたぽん酢。調味料が宝と母に教わりました」という言葉がいい。愛敬ある店名は飼い猫の名ときき脱力。

宮崎

日向かぼちゃに、いもがらぼくと

気候は温暖で早場米の産地。ご飯に冷たい出汁《だし》をかける「冷や汁」が名物。畜産が盛んで、牛・豚・鶏ともに全国有数の生産量を誇る。サツマイモの栽培も盛んで、焼酎の産地。果物ではマンゴーや日向夏《ひゅうがなつ》が有名。近年ではキャビアの産地としても知られる。人口105万人強。

昔、会社の同僚に宮崎出身者がいて、「宮崎県人は日向《ひゅうが》かぼちゃにいもがらぼくと」と自嘲していた。日向かぼちゃは、色は黒く小ぶりだが食べるとおいしい宮崎女、いもがらぼくとは「芋柄木刀」、中が空洞の芋の柄で作った木刀はへなへなで役に立たない宮崎男のことであると。そう言われればそういう奴だった。奥さんは美人だったが宮崎の人かどうかは知らない。

温暖な宮崎は、かつては新婚旅行に人気の地、今はプロ野球の春キャンプで知られるが、周りに遊ぶところがないのもその理由と事情通に聞いた。他方、宮崎は高千穂神社を擁する日本建国神話の地でもある。また山深い椎葉の伝承焼畑農業は民俗学的に注目されており、奥の深い土地柄のようだ。

建築好きの私は、荘重なネオ・ゴシック様式の宮崎県庁舎の、正門両側に植えた高いフェニックスがいかにも南国的だったのが印象深い。料理では、焼いた鯵《あじ》などの身をほぐし、炒り胡麻と麦味噌で擂《す》り鉢であたり、冷たい出汁《だし》でのばしてご飯にかけ、きゅうりや紫蘇《しそ》などの薬味をあしらった夏の郷土料理〈冷や汁＝ひやっちる、と言う〉がとてもおいしく、東京でも見かけて食べたが、本場にはかなわなかった。

私の知る宮崎はこのくらいですみません。

●宮崎　お台所《だいどころ》とおやま

宮崎焼酎をはじめ全国の日本酒地酒もずらりとそろう酒処。宮崎名物の地鶏をはじめ、ごま鯵、ごま鯖《さば》、自家製一夜干し、馬刺、牛スジ煮込みなどと万全の構えだ。日本有数のピーマン生産地らしく〈焼ピーマン〉はピーマンを焼いて胡麻とぽん酢で和え、かつお節をかけたもの。麦焼酎「鶴の荷車」は、杜氏の鶴さんが荷車で売り歩いていたのだそうだ。

＊「お台所とおやま」は惜しくも閉店。

熊本　肥後もっこすでよかよ

人口170万人強。水に恵まれ、75万人弱が暮らす県都・熊本市などでは生活用水のほぼすべてを地下水でまかなっている。郷土料理では「辛子蓮根」が有名で、春雨を使った麺料理「太平燕《タイピーエン》」も人気。トマト、い草などの生産量が日本一。温暖だが冬と夏の寒暖の差が大きい。

熊本では強情で偏屈、頑固な性格を「肥後もっこす」と言う。口下手でお世辞はつかえない。議論で負けると「柔道で来い！」と立って構えるとか。

学校柔道は必修、警察・自衛隊の就職者が多いと聞いた。自衛隊幹部は「最後に頼りになるのは熊本出身者」と明かした。「どうも難しいことはだめッス」と、直立不動を命令すると一晩中でも姿勢をくずさない。

信州松本出身、屁理屈繰り出して軟弱な私は初めて熊本に行ったときは緊張していた。まずは大きなところから敬意を表しておく方がよいだろうと向かった熊本城を見て、その威容に圧倒され、国宝松本城を持つ身でありながら、あっさり「負けました」

とシャッポを脱いだ。軟弱なのだ。

日本三大名城を調べると「姫路・松本・熊本」あるいは「名古屋・大阪・熊本」、「熊本・松山・姫路」など諸説のひいきで異なるが、熊本を入れない三名城はない。ということは日本一か。行けども行けども複雑に続く高い石垣の合間に遠望した天守閣が、最後に山上目の前に全貌《ぜんぼう》を現すスケールの大きさよ。

築城は初代藩主・加藤清正だ。清正はさらに町割り、道路、開墾、灌漑《かんがい》、農業、造船、商工と熊本の基礎をすべて作り、今なお市民は「清正公《せいしょこ》さん」と敬意をもって呼び、崇敬の念が強いことも知った。菩提寺《ぼだいじ》「肥後本妙寺」は、城と同じ高さの場所に墓を建てよの遺言により、後年、後背の山中腹に立てられた。巨匠・北村西望による、烏帽子兜《えぼしかぶと》に長鎌槍を立てた威風溢《あふ》れる全高十七メートルの銅像は、今もしっかと熊本の町を見ており、まことに熊本は清正公さんを措《お》いては語れない。加藤二代の後、小倉より封ぜられた細川忠利は、熊本の人心は清正にあるを知り、清正の霊位を先頭に着任。入城にあたり彼方の清正公菩提寺に「この地をお預かり申す」とまず頭を下げた。信頼を得た細川は、以降明治まで二三九年、十一代の長き藩主となった。

清正公さんと川上哲治を誉めておけば間違いないと知った私は旧市街を歩き、かつて商経済の中心地で木煉瓦《もくれんが》が敷かれ、「花の唐人町」とよばれて政財界の裏舞台にもなった町の九州最初の第一銀行の赤煉瓦建物や、肥後の橋梁石工集団「種山石工」による石の名橋群、また熊本は阿蘇山伏流水で水道はすべて地下水でまかなっているという名水井戸、その水前寺公園も見て、次第に近代熊本も知っていった。熊本は武道のみならず開明的な町造りも成した近代都市だった。

残るは居酒屋。熊本の居酒屋はどこも、なんというか「気骨」があり、それは客に威張るのではなく、自分の商売に誇りをもっている気骨だ。おかみは親切においしいものを教え、主人は自ら捕った魚を自慢した。かくして私は屁理屈をやめ、頑固な肥後もっこすと無二の仲になったのである。

●熊本　瓢六《ひょうろく》

創業昭和二十六年。名物おでんの必食は〈馬のアキレス腱〉。〈白菜〉は白菜を干《かん》瓢《ぴょう》で巻いただけだがこれが人気。松の木で燻《いぶ》した鰯《いわし》かまぼこ〈くんせい〉は子供の頃のお弁当のおかずだった。店を明るく支える姉妹は、おでん屋台から始めた父を手伝った。「昔は子供が家を手伝うのは当たり前」と父を助ける幼い姉妹は、客の目を細くしたにちがいない。

●熊本　天草《あまくさ》

瓢六の息子さんが瓢六の裏で始めた居酒屋でこちらは若い客が多い。おでんは瓢六の窓から手渡しで届く。熊本なら馬刺。それを納豆と和えたのが馬力のつく〈桜納豆〉で、私の旅本のタイトル『熊本の桜納豆は下品でうまい』になった。最近の名産〈塩トマト〉は絶品。鯖《さば》の〈松前寿司〉は浅葱《あさつき》を抱かせておいしい。台所に立つ若い肥後もっこす男集団の活気がいい。

●熊本　和食島崎《わしょくしまざき》

一大飲み屋街をなす新市街飲食ビル地下街の小さな店。白木羽子板に盛るすべて自家製の〈おすすめ三点盛り〉は、例えばカラスミ・蒸しアワビ・鴨ロース。釣り名人の父の釣果は刺身。東京の名店でながく修業した腕は確かで有明海の魚は抜群と言う。とりわけおすすめは、東京では小肌《こはだ》に使うのが大きくなった「コノシロ」だ。カメ熟成させたオリジナル焼酎「島崎」はおだやかに飲みやすい。ハンサムな父と美人愛娘のコンビを見ているだけで幸せになれる。

●熊本　魚勢《うおせい》　角打《かくうち》部屋

やや郊外の大きなお魚センター「魚勢」は重なるトロ箱にカマス、コノシロ、カワハギなど天草の魚が満載。その奥にある「角打部屋」は小さな立ち飲みで、魚勢で小売りする刺身トレイを買ってそこでいただけ、持ち込み料などとケチはいわない。〈ギンガメアジ〉〈サメの湯引き〉に醤油をもらって箸を出す楽しさよ。焼酎王国熊本に日本酒を広めたいという主人はお燗に気を配る。魚勢主人とは小学校からの先輩後輩で、意気投合した肥後もっこすの豪快な笑いがいい。楽しいですぞ。

●天草　入福《いりふく》

天草に名居酒屋あり。料理に凝る主人の〈メジナ焼霜造り〉は重厚。〈コノシロ背切り〉は可憐。天草の地塩を振った〈キビナゴ串焼き〉は何尾も止まらない。天草は有明海と東シナ海に挟まれて魚は全くちがうそうだ。日本中に目配りした日本酒揃《ぞろ》いの見事さ。名優・加藤武に似る老練な主人は、これぞ仕事に誇りを持つ肥後もっこすだ。

鹿児島　薩摩の信念ここにあり

薩摩《さつま》半島と大隅《おおすみ》半島に加え、種子島や屋久島などからなり、離島部には亜熱帯も。養殖うなぎの生産量が日本一。日本三大地鶏のひとつ「薩摩地鶏」や、サツマイモを使う「薩摩焼酎」が名物。「黒豚」の産地でもあり、骨つき肉などを煮た「豚骨料理」が有名。人口は155万人強。

誰もが知る鹿児島の県民性はずばり「男尊女卑」。男より先に女が風呂に入るのは絶対許されず、男女の洗濯ものを同じ竿に干せば注意され、もちろん家事は厳禁、男が台所をのぞくだけで姑は「情けない」と涙を流す。新婚の夫が出勤の朝、裸の足を妻に差し出すと、他県から嫁いだ嫁が靴下をはかせないことにきょとんとし、妻は意味がわからず互いにきょとんとする。

不動の尊敬大人物は西郷隆盛の外になし。不言実行、志ここまでと知れば潔く腹を切る。女は内に熱い気持ちを秘め「男は自分を通さば、出世んなんでんせんともよか、どっしり構えておれ」と男を支えることに徹する。「薩摩《さつま》おごじょ」の自慢は亭主の人物であり、ぺらぺらしゃべる男は小人物とみなされ、黙って焼酎を飲んでいれば周りは安心し、そうさせている女も認められる。

――こいつはラクだ。オレには理想があると威張って酒を飲んでいればいいんだ。でも東京の嫁をもらえば即離婚だ。

九州南端の鹿児島は別の国という感じが強い。明治維新の立役者になったがそこまでで、官吏位階に汲々《きゆうきゆう》とせず、わが郷土で焼酎を飲んで生涯を終えて後悔はない。生き方がある、大人物かも知れない。そう考えると、日々、小心汲々たるわが身が小さく見えてくる。

では地元の居酒屋はどうか。初めて鹿児島に行き、まず入った焼鳥屋は、大男が小さな七輪で大きな骨付きももを焼いていたが、脂に火がついて燃え上がり煙もうもうだ。東京あたりの焼鳥は小さな串を強火の遠火で終始ひっくり返して焼き、脂に火がついて燃えた煙は厳禁だ。はたしてドンと置かれた巨大もも肉は真っ黒に硬くて食べられなく「男が身すぎ世すぎに商売を始めたが、七輪で鶏焼けばそれでよか、栄養は同じタイ」という善意の説をたてた。ちょこまかひっくり返すのはこの国では小賢《こざか》しい、でんと置いておけばそれでよかタイ、かと。

その後、いくつかはしごして小路の風情ある店に入り、取材でもあって編集者とそれまでの店のことなどを得々と話していると、老おかみから「そんなあちこち行ったら、腹ぱふくれて味もわからんようなるやろ！」と一喝され、シュンとなったことがあった。男が食べ物をあれこれ言うんじゃない、か。おっかねー。

そんな初体験も昔話で今はすっかり慣れた。郷に入っては郷に従えだった。

九州は、福岡・佐賀はまだ日本酒の名醸地だが、長崎・大分・宮崎・熊本・鹿児島は酒は焼酎のことだ。鹿児島は唯一日本酒を作っていない県だったが、近年その名も「薩州正宗」が作られるようになった。

フランスのワイン、ドイツのビール、ロシアのウォッカ、イギリス・アメリカのウイスキー、メキシコのテキーラ、中国の紹興酒など、どこの国も「国酒」を持つが、日本は世界でも珍しく醸造酒（日本酒）と蒸留酒（焼酎）の両方を国酒にもつ。焼酎は一大ブームとなり日本全土にすっかり定着したのは国酒としてまことにめでたい。飲み方は本場鹿児島は一歩も二歩も上手で、家庭でも飲む数日前から水割りしてなじませた〈前割り〉を日本酒と同じようにお燗《かん》して飲む。ちなみに仕込水でつくる前割りは〈本割り〉と言う。その場で湯をそそぐお湯割りや、氷を入れたオンザロックなどは地元ではやらない。東京でもきちんとした店は前割りが常識になったのはうれしい。また焼酎に「幻の逸品」などとブランド価値をつけるのは東京だけで、地元では銘柄など気にしない。フランスの酒場に入ると誰もワインのブランドなど気にせず飲んでいて、これが国酒なのだなあと思った。日本でワインブランドをうんちくする人は格好わるいです。――閑話休題。

鹿児島の終章に一軒の店を紹介したい。それは一泊二日で来たならば、着いた昼、飲んだ夜、翌朝と三回入る「のり一ラーメン」だ。

昭和二十四年に始めた先代は「ラーメンは大衆のもの、安くなければならない」と二十六年間、定価五十円を変えなかった。体をこわして閉業を考えたとき、甥が「オレが継ぐ」と一念発起。製麺から徹底的にしごかれた。「主人は頑固一徹、よそはどうしようともオレはこれでゆくという信念を絶対に曲げませんでした」と奥さんが言う。男気で継いだ甥君もえらい。

のり一ラーメンは有名になったとんこつ系の鹿児島ラーメンとは全く違う。鶏ガラの澄んだスープにもやしの白、葱《ねぎ》の青、焼豚の茶、焼葱の黒が美しく、寸分の隙もない味はくどくなく、さわやかに腹におさまり、流行に関係ない変わらぬ味に毎日昼に来る老夫婦もいるそうだ。夜十時には行列が始まり、深夜零時が過ぎても客足は絶えず鹿児島の飲ん兵衛を支える。有名鹿児島ラーメン店は一杯一〇〇〇円、のり一は（中）三〇〇円（大）三五〇円。

位階名誉に関係なくも信念を通し、妻は黙ってそれを支える。若い者は志願し鍛えられて継ぐ。これぞ薩摩の真骨頂。

●鹿児島　味乃《あじの》さつき

小さな店に大きな大漁旗「さつき丸」は口永良部島《くちのえらぶじま》の漁師だった父の船。おかみ姉さんは陽気で「トビウオ、ニラ、玉子、あとヒミツ、それと愛情、あっはっは」と笑う〈つけ揚〉は日本一の絶品。カツオや首折れ鯖《さば》、「母の味を守っています」という〈きびなご酢味噌〉も大好き。私の鹿児島の実家とさせていただいてます。

●鹿児島　菜菜《なな》かまど

鹿児島名物は言うまでもないさつまあげ。当店は注文から二十～三十分、低温でじっくり揚げ、でき上がりはテニスボール大の真球で、外はカリッ、中はソフト。マスターは顔でわかる生粋の薩摩っぽで黙々と手を休めないが時々ニヤリと笑う。手作りの山小舎風店内は木で囲まれて落ち着き、板張り座敷二階は大勢もＯＫ。薩摩の〈黒豚しゃぶ〉をぜひ。

沖縄　すばらしき日本一の県民性

県都・那覇市がある沖縄本島のほか、多くの島が亜熱帯に属し、中には熱帯の島も。気候を生かし、サトウキビやゴーヤー（にがうり）、マンゴーなどの栽培が盛ん。野菜や豆腐などの炒め物が「チャンプルー」（方言で「ごちゃまぜ」の意味）として知られる。人口は１４５万人強。

日本列島から海を越えて沖縄に入ると、風土も、気質も、言葉も、酒も一変する。美しい海、緑濃い島々、陽性の哀調を帯びた三線《さんしん》の調べ、味わい深い泡盛、独特の食べもの、酔うとカチャーシーを踊りだす明朗さ。三十歳頃に初めて沖縄の土を踏んだときの感動は今もなお、より一層私を魅了してやまない。

牧志公設市場の原色鮮やかな魚たち。二階の大食堂で食べるゴーヤー、島ラッキョー、ナーベラ、ウンチェーバー、テビチ、ラフテー、スクガラス、ジーマミー豆腐、チャンプルー、ソーキ、沖縄そば、イラブー、コーレーグス、サーターアンダーギー……。医食同源の流れを汲む食べものは都会の居酒屋でちょこまかつまむ肴《さかな》にはない、食べることでどんどん健康になってゆく実感がある。

そして泡盛古酒《クース》の豊かな世界。芋や麦の焼酎とはちがう奥深い味わいは古老の話を聞いているようだ。飲み終えた外で頬にあたる風は、ここが島であることを実感し、星空を仰ぎたくなる、そこに腰をおろしたくなる、安堵とともに横になりたくなる。

私を心から感動させたのは、ウチナーンチュ＝沖縄人の限りない優しさだ。「イチャリバチョーデー＝会えばみな友達」はまさにその通り。沖縄で嫌な人に会ったことは一度もなく、全員に友情を、兄弟を感じた。人の優しさを信じられる所があったのだ。

海の青さに　空の青
南の風に　緑葉《みどりば》の
芭蕉は情《なさけ》に　手を招く
常夏《とこなつ》の国　我《わ》した島沖縄《うちなー》

沖縄第二の県歌ともいわれる名曲「芭蕉布《ばしょうふ》」を歌うとき、沖縄の人は等しく遠くを見る視線になる。今は私もそうなった。

このように私はめろめろだ。今は沖縄があることが日本の良さと思うようになった。沖縄の良さが変わらず続くことが、日本に希望を持たせることと思うようになった。

沖縄の犠牲の歴史は今も続く。これほどすばらしい国土と県民性を踏みにじる本土政府に天罰の下らんことを。

●那覇　うりずん

昭和四十七年、本土復帰の年に創業したこの店こそ沖縄食文化を本土と世界に広め認識させた最大の功労者だ。今は知られるようになった沖縄伝統料理はここですべて味わえる。古酒もじつにすばらしい。「うりずん」は「潤《うるお》い初《ぞ》め」。春先、大地に潤いが増してくる頃のこと。ここで静かに三線を聞いていると自分にも潤いが湧き、閉塞した本土が嫌になる。

●那覇　ゆうなんぎい

国際通り真ん中を脇に入った便利な場所。料理方は家庭をもつお母さんばかりで、その日採った、むせ返るような生命力の緑濃い沖縄野菜を総出で仕込む健康さ。本土復帰前の昭和四十五年に開店した時は、沖縄家庭料理なんかで客が来るかと笑われたそうだ。店名は、朝は黄色、昼は赤、夕方は落花する花「ゆうな」の木のこと。

●那覇　小桜《こざくら》

那覇竜宮通り社交街の古い木造二階家。戦火で壊滅した那覇にその後できた、おそらく那覇で最も古い居酒屋。まずは〈島ラッキョー〉でオリオンビール。次いで泡盛にして自家製〈豆腐よう〉をなめれば、これは泡盛のための珍味とわかる。食事よりはじっくり泡盛を楽しむ店。壁は訪れた客の写真で埋まり、すぐにイチャリバチョーデーになる。

●石垣島　森《もり》の賢者《けんじゃ》

石垣島の居酒屋は観光風が多いが、住宅地のここは都会風な造り。島タコ、島豆腐、自家製ラフテー、近海魚カルパッチョなどに加え、石垣島食材の創作料理、例えば〈八重山風生春巻〉は泡盛古酒によく合う。ずらり並ぶ各種薬草を泡盛に漬けた瓶は、自分の体調にあわせて選べる。店名「森の賢者」とはいかなる意味か。本土から沖縄に憧れてやってきた若夫婦の物語を、ぜひ小著『居酒屋百名山』（新潮文庫）の最終章で読んでほしい。

●宮古島　ぽうちゃ　たつや

「ぽうちゃ」とは料理番のこと。宮古島出身の主人は東京でながく料理修業して帰り、さらに宮古の料理の奥深さを学んだ。海水で固めた〈うぷす豆腐〉、塩漬け三枚肉を茹《ゆ》でた〈スーチキ〉、味付けせずイカの持っている水分だけで煮た〈クブシミ〉など、島の豊かな伝統料理のすばらしさ。主人も奥様も人柄最高で、大きな幸福感に満たされる。

おわりに　日本の居酒屋

長い間、居酒屋を訪ねて日本中を歩いてきた。すべての県はもちろん、毎年のように訪ねるところも。その旅が何十年も積み重なると各地の特徴が見えてくる。コンビニやチェーン店の普及で、駅前あたりは日本中どこも同じようになってしまったのはその通りだが、それゆえに裏通りで郷土色を残している古い店が、くっきりと浮かび上がってきた。

町の人口が増え、経済的、行政的に安定が生まれると、住む人がくつろぐ場所としての居酒屋が求められてくる。一日の疲れをとりながら、できごとを話し、互いの気心を知って、町の安定感になってゆく。よそからの客をもてなすために地方色を強調した接待店ではなく、住民が毎日通え、安価で飽きない、いや飽きているが、だからこそ落ち着く。互いに飾り気なしの本音で通用する場所としての居酒屋がある町は健全だ。そこにこそ各地の県民性が表れていると気づいた。そうなるとその県民性を味わいにまた出かけてゆく。

島国の日本は閉鎖的で外国と交流がなく、江戸期に長期安定をみた藩制は、その地方の気質を生み出してきた。土地の歴史が育てた県民性がこれほど細かく多様なのは、日本という国の特徴かもしれない。言葉はもちろん、話題、自慢、引け目。すぐ打ち解けてくれたり、警戒心が強かったり、長尻だったり、はしごだったり。一杯やりながら眺めている県民性はまことに多様で、国内各地の旅の面白さはそこにある。土地に古くから残るものを探って記録するのは民俗学だ。いつしか「居酒屋の民俗学」と思うようになった。

私自身は十八歳で長野県から上京して以来東京暮らしとなり、会社や仕事の場ではなく、居酒屋で東京人気質を知っていった。気質がわかるとつきあい易くなる。こういう話はおもしろがられ、こういう話にはのってこない。たまに試しにそれを振ると案の定ということも。東京も広く、山の手、下町、浅草、神田、中央線沿線など、自負する江戸っ子気質は異なることも知った。

また東京は私のような上京者の都市ゆえ、出身地の話をすると目を細めてくれ、そこの居酒屋での経験などに、必ず「そうそう」と一杯注いでくれる。むずかしい議論とはちがう、郷土の自慢話や恥ずかしさは、互いに人間じゃないかと、うち解けた空気が生まれる。

逆に、自分の出身地の県民性も客観的に見るようになり、その目で再訪して、自分はこういう人間だったんだと思うのもほろ苦い経験だ。しかし根底には愛があり「出身だからしょうがないよ」と他県人の気質も認めてゆくことになる。それは豊かなことだ。

*

各地の居酒屋から見た県民性がわかってくると、ではその総体「日本の居酒屋」に表れる国民性はどういうものかを考えるようになった。

世界の酒場に詳しいわけではなく、入ったことがある程度だが、イギリスのパブ、フランスのカフェ、ドイツのビアホール、イタリアやスペインのバル、アメリカのスナックバーなど世界中に、庶民が気軽に一杯やって一息つくところはあった。日本では居酒屋だ。

日本の居酒屋の特徴は料理が圧倒的に多種多様に多いことと思う。外国はレストランに入ればいろいろあるんだろうけれど、そこは食事をするところ。酒を飲むための居酒屋はソーセージかフィッシュアンドチップス、フライドポテトくらいで、さほど凝らず、そもそもあまり食べ物を注文しない。

しかし日本には「酒のつまみ」という一大料理ジャンルがある。畑の野菜、海や川の魚介、海藻、鶏・豚・牛肉、それらのモツ、豆腐、油揚などのお惣菜、煮物、漬物、揚げ物、串焼き。「珍味」という酒をうまくするためだけのもの。季節が加わって「お、これが出たか」という楽しみも。そして中年男に人気の「母の味」。総品数が一〇〇以上あるのは普通。それらはすべて食事ではない酒を飲むための「肴」で、一皿の量は少なく、酒の進行に合わせて適当に追加する。レストランのディナーや高級料理屋の、店が主導権をもつコースはなく、山ほどある品から好きなものをばらばらに頼めばよく、店は定番も名物も工夫を凝らして客を待つ。まことに民主的なこういう店が成り立つのは、日本の食材の豊かさであり、サービス精神と思う。

また黙っていても出る「お通し」というものがあり、これは選べず安価有料だが、その店の特徴、気の利き方を表す楽しみになる。注文の料理ができるまで、しばらくこれでしのいでくださいと、日本人は丁寧だ。いつも同じ品と決めている店もあり、客はそれでその店に来た実感をわかす。

これだけ豊かな食が日常的に安価に提供されている飲食店は諸外国にはないだろう。南北に長く、四方を海に囲まれ、地形は変化に富んでさまざまな気候風土となり、それにあった農業、漁業、さらに調理を工夫するのが好きな国民性が生んだ、日本の食文化の豊かさゆえだ。日本人はその豊かさを居酒屋で日常的に楽しんでいる。

＊

また日本の居酒屋の特徴としては、会社帰りに同僚や部下などと「ちょっと一杯」と人を誘って入る風習があること。欧米では勤務時間が終わると一人で帰るのが当たり前で、飲みながら仕事の話の続きや愚痴を言いあい、その場でさっぱりするというのは理解を超えるようだ。日本も最近はこういうことを忌避する傾向らしいが、私は酒を間に本音を語りあうのはとてもよいことで、垣根をなくし人を育てると思う。そのために居酒屋という格好の場所がある。日本の居酒屋は胸襟を開いて他人と交わる場所なのだ。個人主義よりも協調をよりどころとする島国的国民性が、居酒屋を必要とした。昔、大学で教えているとき、スウェーデンから交換訪問で来日した教授を居酒屋に案内すると、わが国にはこういう店はないと喜んでいた。

さらに、一人で入って店の主人や女将と親しく話す楽しみもある。「顔を出す」と言う。これは仕事や家庭とはちがう、もう一つの自分の居場所を持つことだ。日本人は家族的な雰囲気を好み、それを求めて居酒屋に行く。古い店であれば、主人が二代目なら客も二代目。「おまえの親父はそんな飲み方をしなかった」と説教されてよろこぶことも。

こうしてみると日本の居酒屋は諸外国に較べて特徴がつよいと感じる。そこで育まれる共同体意識が都市の安定装置になっている。小説でも映画でも居酒屋は日常的に登場して、本音や人間性が表れる舞台に使われる。これは文化だ。日本の居酒屋には文化がある。

解説　居酒屋パラダイム

小泉武夫

わが国を代表するグラフィックデザイナーの一人で、文筆家でもあり、居酒屋探訪家である太田和彦さんは、これまで日本全国の居酒屋を訪ね歩き、そこで出会った地酒や地料理、それを取り巻く様々な人間模様などをルポルタージュし、多くの著作を上梓してきた。しかし本書では、これまでの居酒屋訪問とはやや視点を異にして、それぞれの地域の風土や歴史、文化などを織り込みながら「居酒屋と客と県民性」に焦点を合わせて述べている。

ところで、「旅情」とは、旅に出て感じるいつもとは違う気持ちのこと。また、そこから発せられる「情緒」とは、その感情の動きを誘うような雰囲気だと思う。そう考えると、著者の体には全国各地の居酒屋を訪ね歩いている中で、常に外側からの旅情と内側から情緒とが共存していて、それを取り持ち融合させているのが酒であり、肴であり、その周辺で囃《はや》す喧《やかま》しい人々であり、そして、その舞台であるのが居酒屋だというのが、これまでの著書から読み解けるのである。そして、それが根底になって本書に繋がっているような気がする。

著者は本書の冒頭で「その土地を知るには、居酒屋に行け」と述べているが正にその通りで、様々な土地にはそこに根づいた長く普遍な風土があり、それに培われてきた文化があり、そして、歴史の積み重ねがある。それによって自ずと人間性は生育され、次第に固定されてきた。そして、そこに居酒屋があり、人がいて、肴《さかな》もあって、酒もある。それはその土地のものばかりであるから、自然にそこに地域文化が醸成され、それが広義の土地柄あるいは県民性、狭義の気風（性格、心の持ち方）に繋がっていくのである。とにかく昔から居酒屋は、土地柄と人柄とを形成する場でもあったのだ。

本書の筋立ては、全国四十七都道府県別に分けられ、それぞれが前後二つの節から成っている。前節には、その土地の風土や歴史、文化、県民性、食事様式、地酒などが簡潔明瞭に記されている。また後節には、その土地を代表して最も県民性が滲み出ている居酒屋を取り上げ、酒と肴の内容と経営者の主人や女将たちの人柄などが記されている。

それらの都道府県別に掲げられている前付け（見出し）が県民性を読み取るのに的を射た短文で面白く、気に入った。例えば、秋田県には「小鍋立で、だらだらながく飲む」、茨城県「おいしい魚があれども、商売ができない」、愛知県「居酒屋のない町に日本一の居酒屋が」、高知県「不滅の酒飲み県」、福岡県「ラテン気質と九州濃度」などである。どれも、これまで全国の居酒屋を行脚してきた著者にしか切り出せない見出しであり、とても楽しい。

居酒屋と県民性の相関についても、持論あるいは伝聞を交えて語っている。それがどれも正鵠を得るような表現でとても愉快で、思わず手を打ったり、笑いこけたり、あるいは、目から鱗だったりした。例えば、静岡県の人のことは、「東海道の真ん中は往来する人が絶えず、品物は並べておけば勝手に売れる。何もしないでもやっていけるので何もしない。よって、人は良いが粘りがなく、何か決める集まりを開いても すぐに『疲れちゃうから止めようよ』と酒に早変わり。出世意欲はゼロで遊びは熱心。

そうして毎晩宴会」とある。私が知る静岡県は出身者にも、気候温暖なせいかおっとりとしていて殿様か大名かような人もいたので、なんとなく的を射ているようだなあと思った次第だ。奈良県の人のことは、「奈良の人は外に出たがらない『盆地気質』とそこの客が言っていた。また居酒屋などで料理を待たされても『まだか』とは言わない鷹揚《おうよう》さがあると。人は訪ねてくるもの、それはこばまないが、人の帰った後の静かな夜に本当の奈良の良さがある。それを観光にしないだけだった」。

居酒屋の風景、あるいは描写にも、名文が至るところに出てくる。そこには、レトロ口調を称賛したり、浪漫溢れる表現があったりと、今すぐにでもその居酒屋に行って飲みたくなる心境に駆られてしまう。青森県八戸市の「ばんや」のことは、「大正時代の古い料亭を改造した千本格子の木造総二階家は、店内もまた太い梁の番屋風の造りがいい。青森地酒を中心に全国の優秀酒がそろい、じっくりやる気分満点だ」とある。実は私もこの居酒屋に時々行くので、こういう紹介をされると何となく嬉しくなる。京都市の「ますだ」のことは、「最も京都らしい小路といえば先斗町《ぽんとちょう》。もちろん観光客もいっぱいだが、十五番ろーじの『ますだ』は司馬遼太郎、大佛《おさらぎ》次郎、桂米朝、ドナルド・キーンら多くの文化人が常連とした名店。しかし決して文化人サロンでなく、仕事を終えたサラリーマンやたまの夫婦酒など、市井の人が文化人と並んで普通に盃《さかずき》を傾けている。こういう酒場は東京にはない」。

居酒屋といえば、酒と相思相愛なのが肴。その居酒屋の料理の表現にも食指が動かされ、涎《よだれ》もピュルピュルと湧き出す有様だ。北海道釧路市の「万年青《おもと》」の料理の件は、「長大な焼き網に炭火がガンガンに熾《おこ》る。人気の、タレに浸《つ》けた豚肉の巨大ステーキ三〇〇グラムを地元の人はぺろりと食べる。炉端焼の最高峰メンメ（キンキ）はどの店もよい値段がするが、大きいので二、三人でとるとよい。その食べ終えた骨でつくる〈骨湯〉を忘れるな。屋台から始めて五十年以上、朝七時までやっている典型的な地元の炉端焼」。島根県益田市の「田吾作《たごさく》」の料理のことは、「活魚はもちろん自家製豆腐、山採り山菜など、できる限りを自然新鮮にこだわる姿勢は命を食す根源的な安心感となる。活鮎を開いたばかりの内臓に塩を振っただけの〈うるか〉は神々しいほどの味だ。昼の〈あじ丼〉〈いか丼〉がまた良く、私は昼もここ」。

日本国中至るところに居酒屋はある。大都会の隅々から地方の小さな村にまで、ないところはあるまい。ところが、全国に何百何千とあるなかで全く同じ内容の居酒屋は二つとない。その一つひとつには、下拵《したごしら》えや味付けなど料理法の違った肴があり、銘柄の異なった酒があり、さまざまな個性を持った主人や女将がいて、そこには小さな「世界」が築かれているのである。これはもう規模の違いを問わず、自主独往の立派な文化である。

その小さなカルチャーである居酒屋の現場を、都道府県別に取り上げ、そこに風土や歴史、庶民気質などを織り交ぜながら洒脱に論考したのが本書である。大袈裟にいえば、比較文化人類学的手法を試みて居酒屋と県民性との相関を探ってみたわけであるが、そこからは個々の居酒屋の文化が地域性と密接に一体化していることが分かり、居酒屋には紛れもなく県民性が宿ることを確証できるのである。

以上のように、日本全国どこの居酒屋にも地域文化は宿っているのであるから、客は大手を振ってそこへ行き、その固有のカルチャーに思い切り浸り、飲み、食べ、喋《しゃべ》って、心に豊かさを創り出せばよいのである。

（こいずみ　たけお／東京農業大学名誉教授）

本書に出てくるメニュー・価格は著者訪問時のもので、現在と異なっている場合があります。また、文庫化にあたって追加した店舗もありますが、掲載後に閉店した店舗もありますので、ご了承ください。正式名称には「居酒屋」「酒処」などが添えられているお店もありますが、店名を覚えやすくするために省略しました。

居酒屋《いざかや》と県民性《けんみんせい》
47都道府県《とどうふけん》ごとの風土《ふうど》・歴史《れきし》・文化《ぶんか》

朝日文庫

2022年6月30日　第1刷発行

著　　者　太田和彦《おおたかずひこ》

発 行 者　三宮博信
発 行 所　朝日新聞出版
〒104-8011　東京都中央区築地5-3-2
電話　03-5541-8832(編集)
03-5540-7793(販売)

印刷製本　大日本印刷株式会社

ISBN978-4-02-262067-5

鈴峯　紅也
警視庁監察官Q

人並みの感情を失った代わりに、超記憶能力を得た監察官・小田垣観月。アイスクイーンと呼ばれる彼女が警察内部に巣食う悪を裁く新シリーズ！

小説トリッパー編集部編
20の短編小説

人気作家二〇人が「二〇」をテーマに短編を競作。現代小説の最前線にいる作家たちのエッセンスが一冊で味わえる、最強のアンソロジー。

堂場　瞬一
暗転

通勤電車が脱線し八〇人以上の死者を出す大惨事が起きた。鉄道会社は何かを隠していると思った老警官とジャーナリストは真相に食らいつく。

貫井　徳郎
乱反射

《日本推理作家協会賞受賞作》

幼い命の死。報われぬ悲しみ。決して法では裁けない「殺人」に、残された家族は沈黙するしかないのか？　社会派エンターテインメントの傑作。

西　加奈子
ふくわらい

《河合隼雄物語賞受賞作》

不器用にしか生きられない編集者の鳴木戸定は、自分を包み込む愛すべき世界に気づいていく。第一回河合隼雄物語賞受賞作。《解説・上橋菜穂子》

梨木　香歩
f植物園の巣穴

歯痛に悩む植物園の園丁は、ある日巣穴に落ちて……。動植物や地理を豊かに描き、埋もれた記憶を掘り起こす著者会心の異界譚。《解説・松永美穂》

ドナルド・キーン著／金関 寿夫訳
このひとすじにつながりて
私の日本研究の道

京での生活に雅を感じ、三島由紀夫ら文豪と交流した若き日の記憶。米軍通訳士官から日本研究者に至るまでの自叙伝決定版。《解説・キーン誠己》

佐野 洋子
役にたたない日々

料理、麻雀、韓流ドラマ。老い、病、余命告知──。淡々かつ豪快な日々を綴った超痛快エッセイ。人生を巡る名言づくし！《解説・酒井順子》

深代 惇郎
深代惇郎の天声人語

七〇年代に朝日新聞一面のコラム「天声人語」を担当、読む者を魅了しながら急逝した名記者の天声人語ベスト版が新装で復活。《解説・辰濃和男》

本多 勝一
〈新版〉日本語の作文技術

世代を超えて売れ続けている作文技術の金字塔が、三三年ぶりに文字を大きくした〈新版〉に。わかりやすい日本語を書くために必携の書。

群 ようこ
ゆるい生活

ある日突然めまいに襲われ、訪れた漢方薬局。お菓子禁止、体を冷やさない、趣味は一日ひとつなど、約六年にわたる漢方生活を綴った実録エッセイ。

山里 亮太
天才はあきらめた

「自分は天才じゃない」。そう悟った日から地獄のような努力がはじまった。どんな負の感情もガソリンにする、芸人の魂の記録。《解説・若林正恭》